Katja Heinen

unter Mitarbeit von Ingrid Heinen-Greubel

WOHLGERÜCHE

über 90 Charakterologien ätherischer Öle und Essenzen
Ihre Beziehung zu Chakras, Farben und Planeten

Buch- und Kunstverlag Heinen-Greubel, Berlin

Vielen Dank...
... der Familie: Rolfi, Anna und Alex, Wolfi und Ingrid, ohne deren jahrzehntelange Erfahrung mit den herrlichen Düften dieses Buch nicht möglich gewesen wäre. Liebevolle Gedanken auch an Hille und Osa. Unsere liebe Freundin Savitri hat uns Patricia vermittelt, die sich künstlerisch für den Umschlagentwurf und mit großem Engagement für die Korrektur eingesetzt hat.

1. Auflage 1997

Umschlaggestaltung: Blüte: Helmi Komarek
Gesamtgestaltung: Patricia Müller
Zeichnungen: Helmi Komarek
Grafik und Aquarell: Anna Heinen
Foto Umschlagrückseite: Ron van Eeden
Gesamtherstellung:
Kupijai & Prochnow Buch- und Offsetdruckerei GmbH & Co KG, Berlin.

ISBN 3-9802562-2-7

Für Ron

Vielen Dank ...
... für Deine grenzenlose Liebe und Geduld

Liebe Leserin, Lieber Leser,

dieses Buch erscheint in einem Venusjahr. Venus symbolisiert Liebe, Schönheit, Gesundheit und Freundlichkeit. Wohlgerüche verströmen all diese Eigenschaften und schenken uns jeden Tag mehr Lebensqualität. Wie man sie anwendet und mit ihnen umgeht, erfahren Sie in diesem Buch. Mit zehn Originalabbildungen, davon zwei farbigen, vermittelt es Ihnen nicht nur viel Wissenswertes über ätherische Öle und Essenzen, sondern auch über kosmische Zusammenhänge.

Das Autorenteam wünscht Ihnen viel Anregung und Freude.

Inhalt

Lebendige Aromakunde (Kurzfassung)

von Heinz Büchli

Der Duft stammt von der Essenz, wie das ätherische Öl vor der Destillation genannt wird. Unter Zehntausenden von Pflanzen sind nur ein paar hundert Arten in der Lage, Essenzen zu produzieren. Darunter gibt es Arten, die wohl eine Essenz herstellen, sie aber im Innern des Blattes, der Frucht, der Wurzel oder des Holzes einlagern, ohne sie von der Blattoberfläche oder Blüte verduften zu lassen. So oder so ist die Kondensierung der Essenz, wie der natürliche Herstellungsprozeß chemisch richtig genannt wird, eine absolute Meisterleistung der Pflanzenwelt.

Da die Pflanze ihre Essenz nach diesem ureigensten Baumuster aus sich selbst herstellt, ist sie ihre Selbstdarstellung und der Duft der Ausdruck davon, wie das Selbstportrait eines Malers. Der Name Essenz sagt schon, daß darin alles Wesentliche enthalten ist; das, was ihrem Wesen entspricht. Dazu gehört ihre Lebenserfahrung aus vielen hunderttausend Jahren Entwicklung und harten Lebensbedingungen. Wenn sie ihre Essenz als Duft verströmen läßt, ist das ihr Lied, das sie der Natur singt.

Die Pflanzen benutzen alle die gleichen chemischen Grundformen für den Aufbau ihrer Essenzen. Es sind die aromatischen Kohlenwasserstoffe in einer Bandbreite von 10 bis 20 Kohlenstoff-Atomen als Grundstruktur. Diese Moleküle gruppieren sich, ihren chemischen Funktionen entsprechend, zu rund 20 Familien. Die Mitglieder einer biochemischen Familie haben gleiche oder ähnliche physiologische Wirkungen in ihrer Anwendung. Sei es das ätherische Öl einer Nardenwurzel aus dem Himalaja, eines Rosenholzbaumes aus dem Amazonas oder einer Zitronenblüte – alle weisen die gleichen Molekularstrukturen auf. Dies ist die wissenschaftliche Basis der Aromatherapie. Ergänzt wird sie seit 150 Jahren durch vielfältige empirische Erfahrungen.

Wir unterscheiden zwei Ebenen: Die biologische ist die Gesamtheit aller biochemischen Komponenten eines ätherischen Öls mit ihren vielfältigen physiologischen und psychischen Wirkungen und die ätherische Ebene, die sich im Duft manifestiert.

Der Duft berührt uns. Durch ihn lernen wir die Pflanzen verstehen. Dazu müssen wir unser feinstoffliches Empfindungsvermögen und unsere Vorstellungskraft in ganzheitlicher Art schulen. Der Duft gibt, wie wir schon gesagt haben, das ganze Wesen der Pflanze wieder. Um dieses zu erfassen und bei uns wirksam werden zu lassen, müssen wir ebenso unser ganzes Wesen einsetzen. Rationale Vernunft allein genügt nur der biologischen Ebene.

Da wir mit dem ganzen Wesen der Pflanze arbeiten, bedingt das, daß auch wir unser ganzes Wesen einbringen. Und nur in dem Maße, in dem wir diese Lebenshaltung bei uns selbst verwirklichen, können wir entsprechende Resultate, auf welcher Ebene auch immer, erzielen. Diese Bewußtwerdungsarbeit betrifft alle Bewußtseinsarten: Unser Körperbewußtsein, das Verstandesbewußtsein, unsere subtilsten Empfindungsfähigkeiten, unser Ich-Bewußtsein mit seinem Willen, unser Wesen, unser Gewissen, unsere Seele, unsere Identität usw. Sie alle werden von den ätherischen Ölen, wenn auch in ganz unterschiedlicher Art, angesprochen.

So finden wir bei ätherischen Ölen naturhafte Formen des Lebens, denen es in erster Linie um die physische Existenz geht, wie Satureja montana, das Bergbohnenkraut, mit seiner Bärenkraft zur Abwehr von Infektionen. Dazu braucht es seine Phenole, Monoterpene und Monoterpenole.

Mehr als zwei Dutzend ätherische Öle haben den Schwerpunkt ihres Wirkens auf dieser existentiellen Ebene als Gemeinsamkeit. Sie machen uns den Wert physiologischer Funktionen (Stoffwechsel, Kreislauf, Ausscheidung) bewußt und unterstützen uns dabei mit ihren funktionellen und energetischen Qualitäten.

Weitere 30 Öle haben Lebensformen entwickelt, die wir als sehr menschennah bezeichnen können. Ihre Lebensform läßt sich sogar wie ein menschliches Charakterportrait formulieren. Da es in der Natur grundsätzlich nichts Negatives gibt, sind auch diese Charaktere in sich integer und wirken vorwiegend stärkend, regulierend und harmonisierend. Es ist ein faszinierendes Erlebnis, diese Erfahrungen bei sich selbst zu erleben.

Die Natur lehrt uns aber noch ein Weiteres, was wir seltener zu hören bekommen. Zwei Dutzend ätherische Öle führen uns noch höhere Lebensformen vor Augen, wie wir sie noch kaum leben können, wiewohl wir sie verstehen. Die Erkenntnis, daß die Natur für unsere Zukunft noch viele wertvolle und wirkungsvolle Lebensrezepte bereit hält, gibt uns Zuversicht für die globale und individuelle Entwicklung. Unser Bewußtsein ist eben das Wissen um die in unserer Natur lebendigen Kräfte und Strukturen (das Wissen um das Sein).

Erst aus richtig gelebter, ganzheitlicher Bewußtheit heraus entsteht der Geist. Er ist unser ätherisches Öl! Der Geist ist wie eine Duftatmosphäre, in der alles gelingt und worin alle Probleme und Schwierigkeiten guten und sinnvollen Lösungen zugeführt werden.

Ätherische Öle und Essenzen aus kosmischer Sicht

Kraft des Lebens sind wir mit allen Elementen der Erde verbunden, die Göttlichkeit zum Ausdruck bringen. Wir sind nur vorübergehend zu Gast auf Mutter Erde. Bevor wir nun auf die ätherischen Öle und Essenzen eingehen, müssen wir kosmische Zusammenhänge kurz erläutern.

Mit unserem Sonnensystem, dem wir angehören, erleben wir auf der Erde das Ende des großen Weltenmonats Fische mit all den vergangenen bekannten historischen, kulturellen, politischen und geistigen Lebensbereichen und gleichzeitig den Übergang in den nächsten Weltenmonat, den des Wassermanns. Eine neue Geburt findet statt, die Wehen sind deutlich spürbar.

Der Planet ERDE empfängt in dieser Zeit die kraftvollen goldenen Strahlen aus dem Bereich der großen Zentralsonne, um die sich unser Sonnensystem mit unterschiedlicher Entfernung bewegt (ein Zyklus von ca. 26 000 Jahren). Das hinter uns liegende Fischezeichen(-Zeitalter) war das am weitesten entfernte und dementsprechend das dunkelste im gesamten Tierkreis. Das Wassermannzeichen(-Zeitalter) gehört zu den hellsten und gewinnt ständig an Strahlungsintensität, die wir auf der Erde hautnah spüren. Gewaltige kosmische Kräfte sind in Bewegung geraten.

„Die Schwingungen der Fischezeit entsprechen denen von Infrarot mit 15 Trillionen Schwingungen in der Sekunde, während die der neuen Wassermannzeit denen des Ultraviolett entsprechen, die aus 75 Trillionen Schwingungen pro Sekunde bestehen, also fünfmal höher sind" (Zit. Dr. F. W. Sumner).

Das neue Wassermann-Zeitalter dauert ca. 2160 Jahre. Die Übergangszeit vom einen zum anderen Zeitalter dauert rund 200 Jahre. 1781 entdeckte der Musiker und Hobbyastronom Friedrich Wilhelm Herschel den Planeten URANUS, der zusammen mit dem Planeten SATURN das neue Zeitalter regiert. Uranus symbolisiert plötzliche Veränderungen, Revolutionen, geistiges Erwachen und Saturn im Wassermann sorgt für Klarheit, Einfachheit, Konzentration auf das Wesentliche (z. B. Essenzen) sowie für das Hervorbringen der menschlichen Fähigkeiten und Talente.

Seit 1781 sind über zweihundert Jahre vergangen. Was wir täglich erleben, hören und sehen, ist erst der Anfang der Wehen und wir brauchen gute Nerven, um nicht verrückt zu werden. Denn es werden die größten Umwälzungen in der Geschichte der Erdenmenschheit sein. Denken wir nur an die unaufhaltsame technische Entwicklung, die uns täglich begegnet, mit all ihren Licht- und Schattenseiten. Mit Flexibilität und Konzentration auf das Wesentliche sowie einer neuen Denkmethode analog Wassermann, schaffen wir die beste Basis.

Wer sich nicht jede Stunde, jede Minute an die sich ständig verändernden Umweltbedingungen anpaßt, der wird zermalmt. So hat es Omraam Mikhael Aivanhov 1981 in Bonfin mit Nachdruck formuliert (siehe Literaturangabe).

Wir geraten zum Beispiel in höchstes Erstaunen über die unglaubliche Zunahme der Vibrationen, die uns jetzt schon aus den geistigen Welten erreichen und mit jedem Tag zunehmen. Im Jahre 1932 wurden die kosmischen Strahlen das erste Mal entdeckt. Damals stellte sich heraus, daß diese starken Strahlen eine zweieinhalb Meter dicke Bleiplatte durchdringen, während Röntgenstrahlen noch nicht einmal ein Drittel Zentimeter durchdringen konnten.

Alle täglichen Lebensbereiche, wie z. B. Gesundheit, Arbeit und Partnerschaft, um die wichtigsten zu nennen, stehen unter neuen kosmischen Vorzeichen. Alfons Rosenberg hat ausführlich darüber in „Durchbruch zur Zukunft" berichtet.
Die Frage, warum wir uns ausgerechnet heute mit den ätherischen Ölen so intensiv beschäftigen, findet ihre Erklärung darin, daß auch der Heilbereich ein neues kosmisches Vorzeichen erhalten hat.

Der Heilbereich steht für die nächsten ca. 2160 Jahre unter der Herrschaft des MONDES, analog Sternzeichen Krebs, weiblich, Element Wasser. Wir haben es mit sanften, einfühlsamen und berührungsbetonten Heilmethoden zu tun. Dazu gehört besonders auch die wohltuende Aromatherapie. Sogar die Wissenschaft entdeckt zunehmend die feinstofflichen Schichten im menschlichen Körper und besonders im Gehirn.

Bevor die Wissenschaft die Wirk- und Inhaltsstoffe der ätherischen Öle erforscht hatte, benutzten sie die Menschen vor unserer Zeit rein intuitiv als heilende und heilige Öle. Heute, nachdem wir etwas von der Heiligkeit verloren haben, entdecken wir mit neuem Bewußtsein das Fehlende und finden es als Ausdruck der Liebe in den wohlriechenden

Essenzen. Sie helfen uns bei der Überwindung aller Schmerzen des Leibes und der Seele, denn sie sind die Heiler in uns.

Die Beschreibungen der ätherischen Öle in diesem Buch beziehen sich deshalb mehr auf ihre Charakterologie in Entsprechung zum Wesenskern des Menschen, der im Unsichtbaren liegt.

Und dort beginnen wir mit der subtilen Berührung durch Düfte, die auf dem ätherischen Wege die innersten Schichten erreichen. Die Transformation, die Umwandlung unbrauchbar gewordener Denkmodelle, eine der wichtigsten Übungen im täglichen Leben des neuen Zeitalters, kann mit Hilfe der ätherischen Öle unterstützt werden. Neues Denken verändert unser Leben.

Von der Nase zum Gehirn – auf kompliziertem Wege – gelangen die feinen ätherischen Moleküle in den Ätherleib und wirken sofort. Ausführlich beschrieben hat diesen Vorgang Günther Ohloff in seinem Buch „Irdische Düfte – himmlische Lust". Mehr über die biochemische Zusammensetzung ätherischer Öle und Essenzen finden wir in den Werken von Marcel Lavabre „Mit Düften heilen", Kurt Schnaubelt „Neue Aromatherapie" und Rodolphe Balz „Ätherische Öle, heilkräftige Essenzen" (siehe Literaturangabe).

Erwähnenswert bleibt die Tatsache, daß es sich bei den echten unverfälschten Ölen in jedem Falle um komplexe Kompositionen der Natur handelt, und daß es trotz aller Wissenschaft nicht gelungen ist, alle Inhaltsstoffe einwandfrei zu identifizieren. Für den heutigen analytischen Verstand bleibt es geheimnisvoll und faszinierend, einen Duft zu riechen, ihn botanisch benennen zu können, ohne jedoch bis ins letzte Detail Klarheit zu gewinnen.

Die Natur kennt Vollkommenheit, die Technik braucht Perfektion. Sehen wir uns eine Rose an, wie vollkommen schön sie ist – und dennoch gleicht keine Blüte der anderen. Ihre überirdischen Farben und ihr Duft sind reiner Ausdruck der göttlichen Liebe.

Es versteht sich nach all dem von selbst, daß wir beim Besorgen ätherischer Duftstoffe, die der Heilung dienen sollen, sehr genau auf Qualität und Herkunft achten müssen. Eine geübte Nase kann sofort unterscheiden, welche Qualität sie vor sich hat.

Die Graphik zeigt, welche Moleküle im ätherischen Öl bzw. in einer Essenz enthalten sind und auf welcher Ebene sich die Chakras befinden.

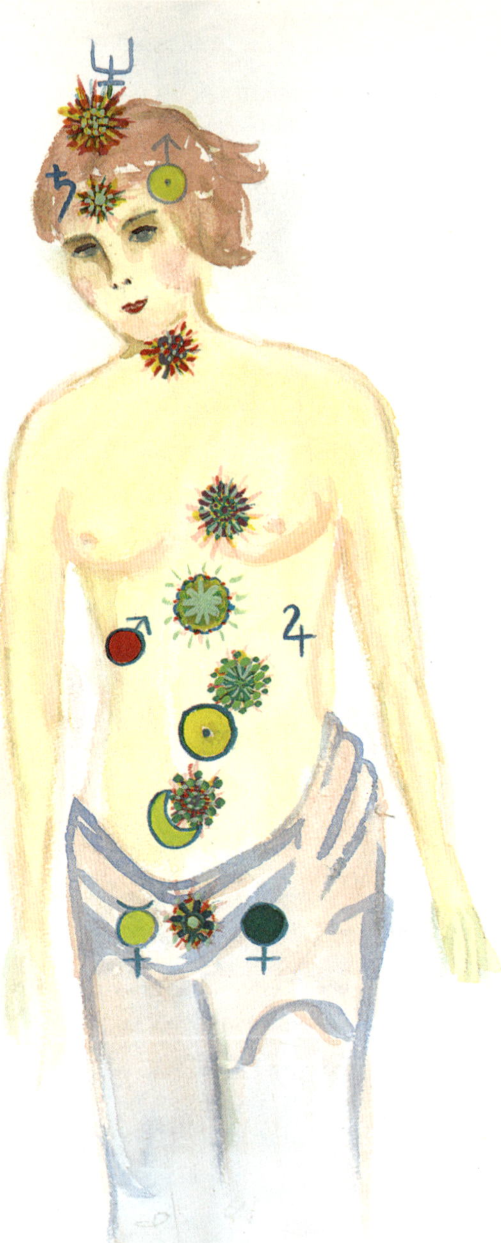

Abb. 1 Chakras und Planeten

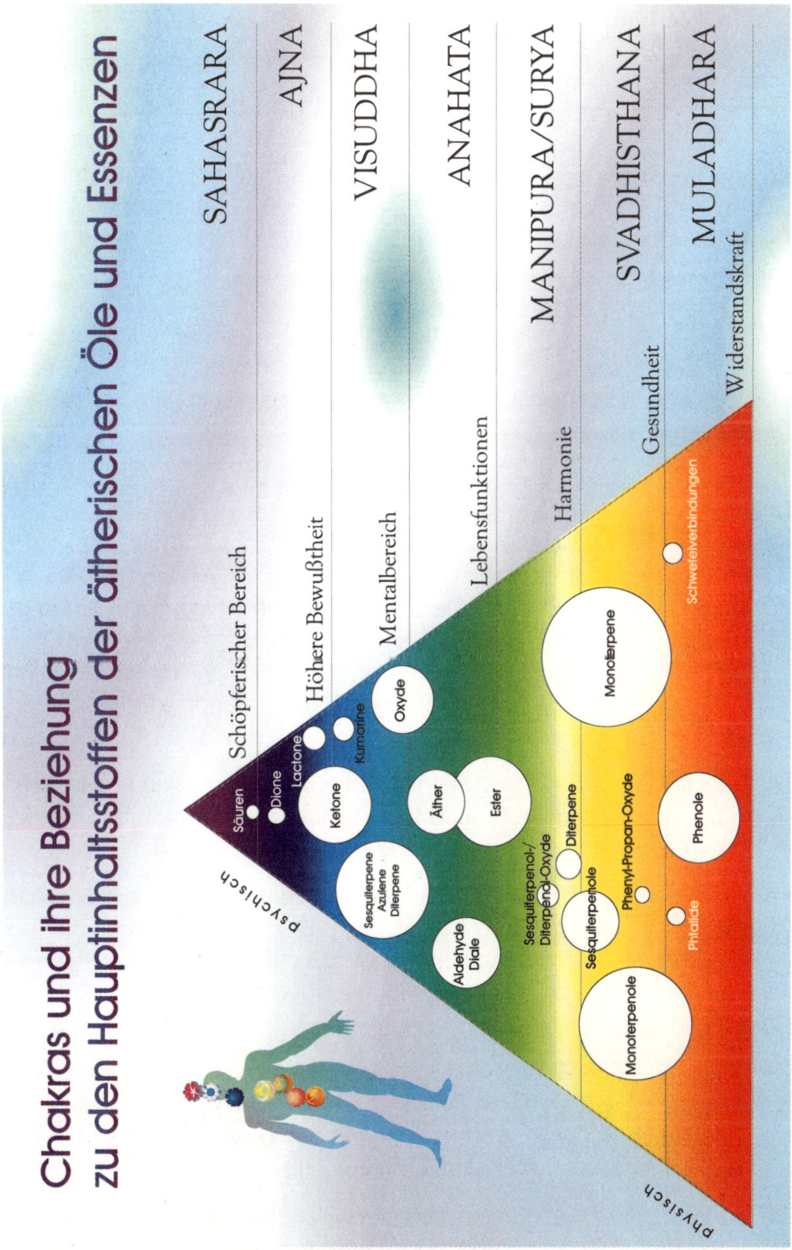

Abb. 2 Chakras und ihre Beziehung

Wie gehen wir mit ätherischen Ölen und Essenzen um?

Die Anwendung der Essenzen ist einfach und erfordert keinerlei Vorkenntnisse. Jeder kann sich einen Duft besorgen und anfangen zu riechen. Die Qualität sollte die beste sein, die wir finden, da reicht schon ein Tropfen, um in den vollen Genuß eines Aromas zu kommen.
Die Reinheit spielt also bei diesem Naturprodukt eine ganz besonders wichtige Rolle. Da heißt es riechen und vergleichen, neues ausprobieren und die eigene Nase als Testinstrument gebrauchen. Nach und nach bildet sich ein Duftgedächtnis und es fällt uns leicht, die vielfältigen Duftnuancen zu unterscheiden und schätzen zu lernen.

Die feinen, ätherischen Wohlgerüche verbinden Vergangenes und Gegenwärtiges über den Ätherleib, dem Sitz des Gedächtnisses. Der Ätherleib ist das unsichtbare Doppelmodell unseres Körpers, der in alle Schichten wirkt. Ätherische – Betonung auf der ersten Silbe – Öle sind das pflanzliche Abbild des Ätherleibes. Alles strebt nach Entwicklung, das Mineral zur Pflanze, die Pflanze zum Tier, das Tier zum Menschen und schließlich strebt der Mensch danach, ein Engel zu werden. Mit Hilfe des Sonnenlichtes kann sich alles Leben auf der Erde weiterentwickeln.

Die feinen ätherischen Öle wirken tief in unser Inneres und beleben die scheinbar verlorengegangenen Sinne wie Intuition, Inspiration, Telepathie, Hellsichtigkeit, Hellhörigkeit und Hellfühligkeit.

Dank der Wissenschaft läßt sich heute beweisen, daß wir entsprechende Organe „geißelförmige Riechhaare (Cilia olfactoria) besitzen, die die gesamte Riechschleimhaut durchdringen" (Bündel von bis zu zehn dieser Fäden sind mit den zwanzig Millionen Riechzellen verbunden, Zitat Günther Ohloff).

Der Gefühls- und besonders der Geruchssinn erleben heute eine Renaissance (Wiedergeburt). Durch das Bewußtwerden weiterer Sinne reift allmählich der „neue" Mensch heran, der verantwortungsvoller mit sich und seiner ihm anvertrauten Erde umgeht.

Der Mensch des Wassermann-Zeitalters muß nichts mehr glauben, er weiß und findet Erklärungen, die sich wissenschaftlich beweisen lassen, liest Fachbücher und sein Motto heißt: „Learning by Doing". Wir sind aufgeschlossen, senden gute Gedanken aus, und schnell wie der Wind kehrt etwas Gutes zu uns zurück. Das sind erfahrbare Tatsachen, die jedermann nachprüfen kann.

Die ätherischen Öle wirken über den Ätherleib, der bis in die feinsten Gewebefasern reicht und dort auf Erkennungsmuster trifft, die über das Riechhirn, das limbische System, transformiert werden. Diese molekülfeinen Duftströmchen bewirken eine spontane Umstimmung des Gemüts und tragen zum Gesundwerden bei. Das Gesundsein ist schließlich die Voraussetzung für ein Leben in Fülle. Dieses Leben in Fülle beinhaltet alles, was zu einem glücklichen Hiersein gehört; die Liebe, die Gesundheit, die richtige Arbeit, genug Geld und ein Dach über dem Kopf.

Viele Menschen auf der ganzen Welt – besonders die jungen – haben ein liebevolles Verhältnis zur Natur. Sie haben Freude daran, der Erde zu dienen, und wirken bei der Neugestaltung mit. Unsere Tochter Katja, damals zwei Jahre alt, steckte wie eine dicke Hummel ihr Näschen tief in alle erreichbaren Blüten hinein, um ihren herrlichen Duft zu riechen. Kleine Kinder fühlen intuitiv, was ihnen gut tut und, sind besonders empfänglich für Düfte. Wir können sie mit viel Erfolg auch therapeutisch einsetzen.

Verhaltensauffällige (integrierbare) Kinder reagieren spontan mit viel Phantasie und Heiterkeit, wenn sie verdünnte Düfte, z. B. Mandarine, Zitrone, Zimt, Rose oder Pfefferminze, testen dürfen. Es gibt eine diesbezügliche Studie mit drei- bis fünfjährigen integrierbaren Kindern, die überraschende Resultate gezeigt hat (für Interessierte steht ein Bericht zur Verfügung). Erwachsene schlafen entspannter, wenn sie sich einen sympathischen Duft, z. B. Lavendel, Bitterorange, Bergamotte oder Sandelholz, in die Nähe des Bettes stellen. Eine Duftlampe oder eine Schale mit heißem Wasser genügen, um einfachste Anwendung der Öle auszuprobieren. Das erweiterte Wissen über Düfte, deren Wirkung und Zusammensetzung, erfordert jahrelange intensive Arbeit und eine innere Beziehung dazu.
Die vollkommene Wirkung eines ätherischen Öls basiert auf der Komplexität seiner Inhaltsstoffe. Oft sind es nur Spuren von Molekülen, die den so typischen Duftcharakter bilden. Deshalb sollten wir daran denken, wenn zum Beispiel von Phenol-, Keton- oder Äther-Gruppen gesprochen wird, daß diese nur einen Teil des Ganzen ausmachen und auf die therapeutische Hauptwirkung des jeweiligen ätherischen Öls hinweisen.

„Beispielsweise kann das isolierte THYMOL mit Konzentration in einer Größenordnung von 1:1000000 eine eitrige Blasenentzündung nicht heilen, während dies dem vollständigen ätherischen Öl des (roten) Thymians gelingt.

Auch das reine Eucalyptol-Molekül gelangt bei bestimmten Erkrankungen der Atemwege nicht ans Ziel, während das ätherische Öl aus dem Eukalyptus globulus zur völligen Heilung führt.“ (Zit. Rodolphe Balz)

Die Arbeit mit den Düften macht Spaß.

Ätherische Öle und Essenzen von A bis Z

Mit Hinweis auf bekannte Inhaltsstoffe, CHAKRAS, FARBEN, und PLANETEN sowie deren entsprechendem Tierkreiszeichen.

ANGELIKAWURZEL (Angelica archangelica)

Bekannte Inhaltsstoffe: Pinen, Limonen. Destillierte Teile: Wurzeln.

Eine Spur von Duft der Angelikaessenz genügt, um den Tag gelassener zu beginnen. Als stark psychisch wirkendes Öl vermag Angelika durch feine Kanäle zu dringen und tiefsitzende Verletzungen auszuheilen.
Aus der Wurzel der „Echten Engelwurz", wie Angelika auch genannt wird, wird ein sehr teures ätherisches Öl destilliert, womit Therapeuten jedoch sparsam arbeiten. Angelika gibt die Kraft, von vorne zu beginnen!
Dr. med. Bigus aus Frankfurt an der Oder arbeitet in seiner Gemeinschaftspraxis bereits seit längerem mit ätherischen Ölen, u. a. auch mit der Angelikaessenz. Er benutzt dabei bioenergetische Meßverfahren (Vega-Messung, DFM oder Decodermessung). Therapeutisch wurde die Angelikaessenz bei Verdauungsproblemen, muskulären Dysbalancen in den thorakalen Segmenten (Brustkorbbereich), sowohl lokal als auch in Verbindung mit Farbe oder feuchtwarmen Wickeln mit Erfolg eingesetzt. Dabei geht die Kombination der Anwendung ätherischer Öle mit Farben auf ein von Natale Ferronato (Schweizer Naturarzt) entwickeltes Therapieprinzip zur Verbesserung der Reaktionsenergie zurück.
Auf verwilderten Grundstücken und überall dort, wo die Natur sich selbst überlassen ist, trifft man auf die viel Raum beanspruchende, bis zu 2,50 Meter hohe Riesenpflanze. Es scheint, als würde sie mit aller Macht Aufmerksamkeit erregen wollen. Bevor sie nach zwei bis drei Jahren abstirbt, sorgt sie für ein großflächiges Wurzelgeflecht. Das farblose ätherische Öl muß aufgrund seiner Intensität stets entsprechend gering dosiert werden. Im Spätmittelalter verwendete man die Dämpfe und Säfte der Angelika gegen Symptome heute bekannter Virusinfektionen und Epidemien. Berichte zeugen davon, daß Theophrastus Bombastus von Hohenheim (1493 bis 1541), genannt Paracelsus, um 1510 die Wirkstoffe der Angelika zur Bekämpfung einer Epidemie in Mailand erfolg-

reich eingesetzt hat. Wen Gicht oder Rheuma plagt, wer Verdauungsstörungen oder gar Koliken hat, dem ist mit einer Massage der betroffenen Stellen geholfen. Mit viel Liebe einmassieren (lassen).

CHAKRA: Manipura-Surya, FARBE: hellorange, PLANET: Sonne (Löwe).

ANIS (Pimpinella anisum)

Bekannte Inhaltsstoffe: Transanaethol, Methylchavicol. Destillierte Teile: Samen.

Als „Gegenmittel wider alle Gifte" war Anis schon vor Christus bekannt. Ursprünglich stammt diese einjährige Pflanze aus dem Orient. Die Römer brachten sie als Gewürz nach Nordeuropa und die Siedler nahmen sie mit nach Nordamerika. Eine Pflanze erobert die Welt, oder besser die halbe. Anis ist nicht für jeden gleichermaßen angenehm. Ein Extrem: Entweder man mag den Duft, oder das deutliche Gegenteil ist der Fall.
Das destillierte Anis-Öl ist von heller Farbe. Anis ist dem Feuerelement Sonne zugeordnet und steht daher in Beziehung zu Herz und Kreislauf. Choleriker und Menschen mit starker Löwe-Energie finden in einem stets mitgeführten Fläschchen Anis den manchmal fehlenden Ausgleich: Kurz daran schnuppern, bevor die Wut ausbrechen will. Generell gilt: Anis treibt hinaus, was nicht hinein gehört. Wer sich angenehme Träume wünscht, der stelle am Abend eine Schale warmes Wasser mit Anis (ein Tropfen genügt) ins Schlafzimmer und entspanne sich im Land der Träume.

CHAKRA: Anahata, FARBE: hellgrün, PLANET: Venus (Stier/Waage).

STERNANIS (Illicium verum)

Bekannte Inhaltsstoffe: Anaethol, Pinen, Phellandren, Anissäure. Destillierte Teile: Früchte.

Der kleine immergrüne Baum namens Sternanis ist nicht verwandt mit seinem Namens- und Geruchsvetter Anis. Er gehört zur Familie der Illiciaceen und ist in China und Vietnam beheimatet, anderswo gelang die Kultivierung des bis zu 25 Meter hohen Baumes nur mühsam. Die Essenz des Sternanis duftet rauh und wirkt sachlicher, ist dem Anis durch seinen hohen Anaetholgehalt jedoch sehr ähnlich. Die Chinesen schätzen den Sternanis u. a. wegen seiner schmerzstillenden und schleimlösenden Wirkung. Brust und Rücken mit anishaltigem Basisöl gut einreiben.

CHAKRA: Svadhisthana, FARBE: rot bis orange, PLANET: Mars (Widder/Skorpion).

BALSAMTANNE (Abies balsamea)

Bekannte Inhaltsstoffe: Monoterpene, Bornylacetat. Destillierte Teile: Nadeln und Zweige.

Die Balsamtanne stammt ursprünglich aus Kanada, wo sie auch unter der Bezeichnung „Canada balsam" bekannt ist. Die indianischen Ureinwohner verwendeten das Harz der Tanne bei entzündeten Wunden und Geschwüren als Medizin für sich und ihre Tiere. Sie benutzten das Harz auch als Einreibebalsam spröde gewordener Jagdwaffen (Pfeil und Bogen) und zum Schutz vor Insekten. Ein Kanada-Reisender hat diese Beobachtungen festgehalten und im Jahre 1606 in Europa veröffentlicht. Die Balsamtanne bewaldet große Landstriche in Kanada und teilweise auch in den USA. Nach England kam sie um 1697, ihr Vormarsch in den südlichen Teil des Kontinents gelang erst Anfang des 19. Jahrhunderts.
Unaufdringlich (und in der Tat balsamisch) bahnen sich die Wirkstoffe ihren Weg in unser Innerstes, wohin sich unser Wesen in all seiner Verletzbarkeit und Sensibilität zurückgezogen hat. Wenn sich dieser Zustand erst einmal verhärtet, verlieren wir unmerklich den Segen uns innewohnender Quellen: Die Fähigkeit, Situationen gefühlsmäßig zu erfassen und zu verarbeiten. Gerade bei „chronisch-vom-Leben-Enttäuschten" ist die ätherische Balsamtanne das einfachste Mittel, unsere weiche Seite wieder zu integrieren. In marsbetonten Zeiten, wenn der Ärger überall zu sein scheint, ist der Duft der Balsamtanne als Krisenmanager unverzichtbar. In erster Linie wirkt dieses ätherische Öl schleimlösend auf die Atmungsorgane (wie alle Nadelbaum-Öle). Zum Einreiben der Bronchien ist dieses Öl – besonders für Kinder – wie geschaffen. Ein Brustbalsam ist schnell selbstgemacht, mit einem kaltgepreßten fetten Öl (z. B. Mandel- oder Jojoba-Öl und einigen Tropfen ätherischem Öl). Der Duft der Balsamtanne beruhigt die Bronchien und entspannt die Nerven.

CHAKRA: Svadhisthana, FARBE: hellorange, PLANET: Saturn (Steinbock/Wassermann).

BASILIKUM (Ocimum basilicum)

Bekannte Inhaltsstoffe: Methylchavicol, Eugenol. Destillierte Teile: Blühende Pflanze.

Wenn der Basilikum in meinem Garten nicht mehr eingeht, weiß ich, es ist Sommer. Den Indern war er heilig, die Griechen brachten ihn mit dem Teufel in Verbindung, die Römer schätzten die aphrodisischen Kräfte. Legenden ranken sich um das Basilikum.
Dunkelgrün leuchten die sich der Sonne entgegenwölbenden Blätter. In der Keim- und Wachstumsphase braucht Basilikum besondere Pflege und Zuneigung. Später kümmert dieses feurige Gewürz sich um sich selbst und will nur ausreichend mit „Lebensmitteln" versorgt werden. Ein zerriebenes Blatt läßt ahnen, welche Wirkung das in den feinen Poren verborgene ätherische Öl haben muß. Die italienische Küche wäre ohne dieses typische Kraut und seine enorme Würzkraft undenkbar.
Der im ätherischen Basilikum-Öl vorkommende Äther ist ein Methyl-Chavicol, das in erster Linie anti-depressiv und stärkend auf die „Mitte" des Individuums wirkt. Die feinen Substanzen stabilisieren das aus dem Gleichgewicht geratene Energiesystem im Körper, welches die Chinesen als Yin- und Yang-Energie bezeichnen. Basilikum vermindert Angstzustände, die ein erstes Symptom starker persönlicher Unsicherheit sind. Am unmittelbarsten wirkt eine Ganzkörper-Massage mit Basilikum – übrigens auch bei dem, der massiert. Menschen, die nicht loslassen können (Entsprechung mit unregelmäßiger, schlechter Verdauung), können es mit der regelmäßigen Anwendung von Basilikum als Beigabe in der Duftlampe, im Massage-Öl und sogar im Badewasser probieren. Der Kräuterpfarrer Weidinger betont die belebende Wirkung des Basilikums bei Traurigkeit und Melancholie.
Wunden, Geschwüre und Furunkel müssen vor Entzündungen geschützt werden; vor allem im Anfangsstadium ist Basilikum-Öl pur aufgetupft stark desinfizierend. Wem Basilikum zu würzig duftet, der kann ihn dennoch genießen – einfach mit der lieblichen Rose oder Orange kombinieren.

CHAKRA: Anahata, Ajna, FARBE: hellgrün bis indigo, PLANET: Sonne (Löwe), Mars (Widder/Skorpion).

BEIFUSS (Artemisia herba alba)

Bekannte Inhaltsstoffe: Thuyone, Kampher, 1.8 Cineol. Destillierte Teile: Ganze Pflanze.

Ein „Un"-kraut, das beinahe jedes Land erobert hat und nahezu alle Nischen menschlicher Umgebung ausfüllt; zusammen mit „Kollege" Wermut, mit dem er oft verwechselt wird. Häufig wird Beifuß auch als „Wilder Wermut" bezeichnet.
Wo Speisen noch zu fett sind und Menschen von Verdauungsproblemen geplagt werden, ist Beifuß als Gewürz beliebt. Er schmeckt nicht so bitter wie der Wermut, ist jedoch viel aromatischer als dieser. Noch mehr Gutes steckt in diesem nahezu unbekannten ätherischen Öl, zum Beispiel bei äußerlichen Hämorrhoiden. Das leicht verdünnte Beifuß-Öl so oft wie möglich auftragen. Der unangenehm drückende Schmerz vergeht dann im Nu, die Hämorrhoiden binnen weniger Tage. Die Chinesen wissen natürlich schon lange von der Heilwirkung des Krauts und gebrauchen es zum „Moxen", im Kegel oder in der Moxa-Zigarre. Wer damit schon einmal bei Schmerzen der Eingeweide warm „beraucht" wurde, weiß um die erleichternde Wirkung und den angenehmen Duft dieser alten Heilmethode.
Die Pflanze gibt uns ihr Bestes, und wir nennen sie Unkraut! Darüber können wir vielleicht mit ein bis zwei Tropfen Beifuß in der Duftlampe nochmals nachdenken! So wird auch die Frühjahrsmüdigkeit vertrieben, und – passend zur Jahreszeit, gemischt mit Lavendel, Geranium und Citronella – verdirbt sie den Insekten den Appetit auf uns Menschen.

CHAKRA: Visuddha, Ajna, FARBE: blau, indigo, PLANET: Jupiter (Schütze/Fische), Merkur (Zwillinge/Jungfrau).

„Der Ätherleib ist der Träger des Lebens
und der Empfindlichkeit"
(Aivanhov)

BERGAMOTTE (Citrus bergamia)

Bekannte Inhaltsstoffe: Linalylacetat, Linalol. Destillierte Teile: Schale, Kaltpressung.

Ein Duft, der viele Freunde hat. Ein wenig bitter, deutlich nach Orange, aber irgendwie doch nicht, ist das Aroma edel und sehr frisch. Bergamotte erinnert an einen guten Wein mit Vordergrund, Mittelblume und Nachphantasie. Ihr Duft fasziniert und macht Lust auf anregende Gespräche.

Der Bergamotte-Baum wird ungefähr fünf Meter hoch und ist wählerisch, was den Standort betrifft. In Süditalien und Marokko hat er seine Heimat gefunden und wird nur dort erfolgreich kultiviert. Im Gegensatz zu den eigensinnigen Standortansprüchen schenkt uns die aus den Früchten gewonnene Essenz unzählige Verwendungs- und Kombinationsmöglichkeiten. Experimentieren lohnt sich! Die Bergamotte-Essenz kann sich perfekt anderen Ölen anpassen. Sie schafft den Gegenpol zu extremen Stimmungen und kann daher gut bei Depressionen benutzt werden. Mit ihrer gleichzeitig erfrischenden Wirkung ist Bergamotte die Prise Leichtigkeit im Leben. Bergamotte löst Verspannungen, vermag die Verdauung anzuregen, stimuliert die Lebensenergie, wirkt antibakteriell und ist das „Dessert" in der Duftlampe nach einem Besucherabend mit vielen Rauchern. Bei Aromatherapeuten hat die Bergamotte einen Stammplatz. Der edel-bittere Zitrusduft der Bergamotte begeistert auch Interessierte ohne jede Vorkenntnis. Die Essenz der Bergamotte ebnet den Einstieg in die Welt der Düfte!

CHAKRA: Manipura-Surya, Anahata, FARBE: gelb bis hellgrün, PLANET: Sonne (Löwe), Mars (Widder/Skorpion).

BERGBOHNENKRAUT (Satureja montana)

Bekannte Inhaltsstoffe: Carvacrol, Paracymen. Destillerte Teile: Ganze Pflanze.

Die auch als Winterbohnenkraut bekannte Pflanze hat noch eine „Schwester", das Gartenbohnenkraut (Satureja hortensis). Das einjährige Gartenbohnenkraut sei hier wegen seiner vergleichsweise schwächeren Eigenschaften nur am Rande erwähnt. Köche gebrauchen das Bohnenkraut als Beigabe zu schwerem Essen, da es vorzüglich die Verdauung anregt. Sollte dem Kochkünstler das Messer mal ausrutschen, nimmt das pure Öl des Bergbohnenkrauts der Schnittwunde unverzüglich den peinigenden Schmerz und sorgt für schnelle Wundheilung.
Dr. Jean Valnet, der große Aromatherapeut, betont besonders die bakterien- und pilzbekämpfenden Eigenschaften des Bergbohnenkrauts, die noch deutlich stärker als die des Lavendel, Thymian und Rosmarin sind. Die Natur hat uns ein perfektes Antiseptikum geschenkt, das wegen seiner Intensität stets in sehr geringen Mengen angewendet werden soll.
Bergbohnenkraut entspannt, ohne müde zu machen und gibt frische Willens- und Tatkraft. Sportler und all jene, deren Beine und müden Füße es nötig haben, können ihrem Massage-Öl ein paar Tropfen Bergbohnenkraut zufügen, es wirkt regelrecht beflügelnd... Probieren Sie

es! Die Männer der Antike schätzten das Kraut wegen seiner potenzstimulierenden Eigenschaften.

CHAKRA: Muladhara, Svadhisthana, FARBE: rot-orange, PLANET: Saturn (Steinbock/Wassermann).

BIRKE (Betula alleghaniensis)

Bekannte Inhaltsstoffe: Methylsalizylat. Destillerte Teile: Holz.

Einen festen Platz in meiner Erinnerung haben drei nebeneinander stehende Birken, denen ich als Kind erzählte, was mir auf dem Herzen lag. Ich bin ihnen treu geblieben, den bleichen, unschuldigen Gefährten des Waldes, der Heide und unserer Gärten. Bäume sind Wesen, kraftvoll und vollkommen verschönern sie ihre Umgebung. Die Birke ist eigensinnig und steht an besonderen Plätzen, fast immer ein wenig von Artfremden entfernt. Wenn sie doch in unmittelbarer Nachbarschaft wächst, ist ihr Aussehen meist kümmerlich, beinahe verkrüppelt. Sie braucht ihren Freiraum um sich zu entfalten.
Das reine ätherische Öl duftet sehr intensiv, ein wenig nach typisch amerikanischem Kaugummi, konzentriert süß, ganz anders, als man es vielleicht erwartet. Gicht, Rheuma, Denkprobleme, Hautkrankheiten, körperliche und seelische Stauungen können mit der stark treibenden Birke behandelt werden. Im 16. Jahrhundert hatte sie deswegen den Beinamen „Nierenbaum". Wer unter Haarausfall leidet, kann ein wenig Birke, gemischt mit fettem Öl, in die Kopfhaut massieren (oft wiederholen). Unserem alten Waldreh, das schon kräftig an Rheuma und einem Geschwür litt, gab ich jeden Tag einen Arm voll frisch gepflückter Birkenzweige. Mit Gier und scheinbar instinktiv fraß es stets alles auf und wurde schließlich älter als gewöhnlich, ohne weitere tierärztliche Behandlung.

CHAKRA: Anahata, FARBE: hellgrün, PLANET: Sonne (Löwe), Mars (Widder/Skorpion).

BISCHOFSKRAUT (Ammi visnaga)

Bekannte Inhaltstoffe: Linalol, Ester. Destillierte Teile: Früchte.

Um 1550 vor Christus wird die Pflanze in einem Ägyptischen Rezeptbuch (Papyrus Ebers) erstmals erwähnt. Im Laufe der Zeit war das

Bischofskraut in Vergessenheit geraten und schließlich vollends aus den Heilbüchern verschwunden, heutzutage erlebt es eine Renaissance, es ist „neu" in die Arzneibücher aufgenommen worden.
Bischofskraut, das auch Zahnstocherkraut genannt wird, verbreitet in der Duftlampe binnen Sekunden einen warm-würzigen und frischen Duft. Ein Tropfen dieses noch seltenen Duftes ist genug, um die Atmosphäre zu entkrampfen und den Haussegen wieder herzustellen. Wer den aufheiternden Duft des ätherischen Öls einmal gerochen und für sich entdeckt hat, wird das Öl als „Allesreiniger" in seinem Heim bewahren. Schlechte Laune verfliegt im Duft des Bischofskrauts. Eine liebevolle Massage für den gestreßten Partner ist vielleicht ein gutes Feierabendangebot.

CHAKRA: Visuddha, FARBE: azurblau, PLANET: Jupiter (Schütze/Fische), Merkur (Zwillinge/Jungfrau).

BITTERORANGEN- oder POMERANZENBAUM (Citrus aurantium var. amara)

Die ursprünglich in China beheimatete Bitterorange ist Urahnin vieler anderer Varianten (= var.). Züchter verwenden den Stamm der immergrünen, sehr schädlingsresistenten Bitterorange gerne als Unterbau anderer Zitrusbäume, z. B. der süßen Orange (citrus sinensis). Lange, nicht spitze Dornen zieren den bis zu 10 Meter hohen Baum. Zu Beginn des zehnten Jahrhunderts kam die Pomeranze nach Süd- und Mitteleuropa, wo sie sich schnell einen Stammplatz eroberte. Die kleinen aromatischen Früchte und Blüten eigneten sich als Dekoration und Speisewürze, bei Werkzeugmachern gewann das Holz wegen seiner Härte immer mehr an Bedeutung. Heutzutage ist der Pomeranzenbaum im gesamten Mittelmeerraum zu finden; außerdem in Mexiko, Kalifornien und Südamerika. Vier verschiedene ätherische Öle und Essenzen werden aus der Bitterorange gewonnen:
„Neroli", das kostbarste der ätherischen Öle, wird aus den Blüten gewonnen. Auch die destillierten Blätter ergeben eine eigene, leicht bittere Duftnote, der Name: „Petit Grain", DO (Destilliertes Organ): Blätter. Die durch Auspressung der Fruchtschale gewonnene Essenz heißt „Petit Grain"; die Kombination von Frucht und Blatt ist die vierte der Duftvarianten mit dem Namen „Petit Grain edel".
Alle aus der Bitterorange gewonnen Essenzen haben beruhigende, krampflösende und antidepressive Wirkung. Bei Schlaflosigkeit kann

man sich die leicht betäubende Wirkung zu Nutze machen. Vielleicht ersetzt eine Schüssel mit warmem Wasser und ein bis zwei Tropfen Essenz neben dem Bett oder ein mit Sahne (Emulgator) verrührter Badezusatz die Schlaftablette?!

„Himmlische Liebe löst alle Probleme".
(Aivanhov)

BITTERORANGENBAUM – BLÜTE – NEROLI (Citrus aurant. var. amara fleurs)

Bekannte Inhaltsstoffe: Linalol, Pinen, Nerolidol. Destillierte Teile: Blüten.

Die feinen Blüten der Bitterorange werden im 5. und 10. Monat des Jahres mit der Hand gepflückt. Bei Jean Valnet erfährt man, daß ein Baum bis zu 30 kg Blüten im Jahr produziert. Eine Tonne Blüten ergibt beinahe einen Liter ätherisches Öl. Darum ist diese Königin der Düfte zugleich eine der Teuersten. Schon ein Hauch Blütenduft ist ausreichend, um von Neroli beindruckt zu sein. Einst wurden die hübschen weißen Blüten in den Kopfschmuck der Bräute eingearbeitet, deren Schönheit noch untermalend. Den Duft begleiten angenehme Bilder. So muß es die Entdeckerin Anna Maria, Prinzessin von Nerola, im 17. Jahrhundert auch empfunden haben. Sie machte das nach ihr benannte „Neroli" im wahrsten Sinne des Wortes salonfähig und bewirkte eine regelrechte Modeströmung.
Es scheint, als wäre uns das zart blumig duftende Neroli direkt vom Himmel gesandt. Es hat einen eigenen Schlüssel zu unseren Stauungen und nervösen Verspannungen. Nur ein Öl von so ausgezeichneter Qualität (siehe auch „Melisse, veritable") kann in völlig verhärtete seelische Schichten vordringen und helfen, verlorene Lebensenergie wieder aufzubauen.

CHAKRA: Anahata, FARBE: hellgrün, PLANET: Venus (Stier/Waage).

BITTERORANGENBAUM – BLÄTTER – PETIT GRAIN (Citrus aur.var.amara feuilles)

Bekannte Inhaltsstoffe: Linalylacetat, Linalol, Limonen. Destillierte Teile: Blätter.

Der Pomeranzenbaum wird alle zwei Jahre gestutzt, um so viele Blätter und Früchte wie möglich zu erhalten. Im Spätherbst und Winter werden

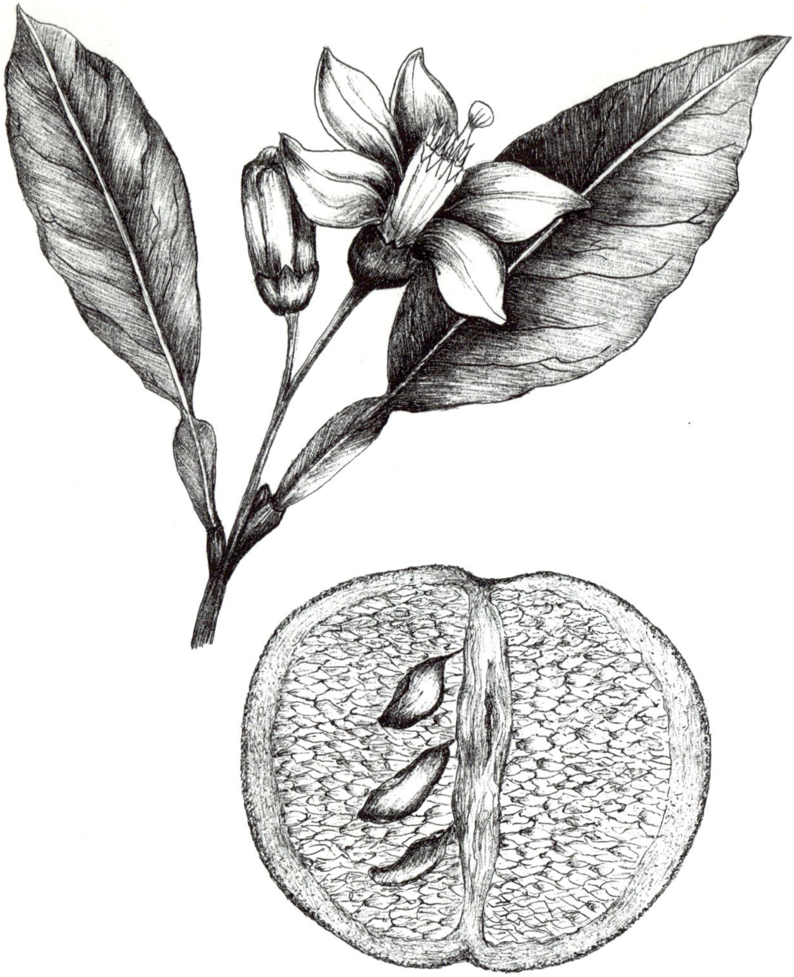

Petit Grain, Do: Blätter und Frucht (petit grain bigarade)

die Blätter der jungen Triebe gepflückt, getrocknet und anschließend destilliert. Allerdings – das bleibt dem Neroli vorbehalten – ist Petit Grain Blätter keinesfalls so edel wie das der Blüten. Wo Neroli die tiefe Problematik einer Störung bearbeitet, ist Petit Grain Blätter die helfende Krankenschwester. Es nimmt sich der äußeren Erscheinung einer Störung an und trägt auf diese Weise zur Genesung bei. Das Öl der Blätter duftet deutlich nach grünem Pflanzenmaterial, mit einer leicht fruchtigen Note ist es ideal für die Duftlampe oder als Komposition in einem Parfum. Wo größere Mengen für Massagen, Aufgüsse etc. benötigt werden, ist Petit Grain Blätter eine preiswerte Alternative zum teuren Neroli.

CHAKRA: Manipura-Surya/Anahata, FARBE: gelb bis hellgrün, PLANET: Sonne (Löwe), Mars (Widder/Skorpion).

BITTERORANGENBAUM – SCHALE – PETIT GRAIN (Citrus aur. var.amara zestes)

Bekannte Inhaltsstoffe: Limonen, Terpinolen. Kaltpressung der Schalen.

Als würde bereits die Frucht zu uns sprechen, weckt die aus ihrer Schale gepreßte Essenz Interesse für die Welt der Düfte. Wer die süße Orange zu aufdringlich findet, sucht vielleicht genau die feine Herbheit dieser Variante.
In der Duftlampe verströmt das Petit Grain angenehme Frische. Müdigkeit verfliegt, und die Konzentration kann zurückkehren. Ein Vollbad mit ca. 10 Tropfen Essenz als Badezusatz gibt Entspannung nach einem anstrengenden Tag und stabilisiert zugleich die körpereigenen Abwehrkräfte. Abgesehen davon, daß Rückenschmerzen häufig eine psychische Ursache haben (etwas nicht mehr tragen können), bringt eine Massage mit essenzhaltigem Hautöl sicher Erleichterung. Petit Grain in Kombination mit z. B. Zypresse beugt Cellulitits und Austrocknung der Haut vor.

CHAKRA: Svadhisthana, FARBE: orange, PLANET: Mond (Krebs).

BITTERORANGENBAUM – BLÄTTER UND FRÜCHTE – PETIT GRAIN EDEL (Citrus aurant. var.amara feuilles et fruits)

Bekannte Inhaltsstoffe: Linalylacetat, Linalol. Destillierte Teile: Blätter und Früchte.

Aus der kleinen, noch grünen Frucht (= petit grain) und den Blättern der jungen Triebe wird diese edle Variante des Petit Grain gewonnen. Über die Charakterologie des femininen Petit Grain schreibt Philippe Mailhebiau sehr treffend: „Sie vermischt in einem erstaunlichen Cocktail Schwäche und ausgeprägten Willen, Flatterhaftigkeit und Opferbereitschaft, Freude und Verzweiflung. Manchmal hübsch, manchmal häßlich, von einer fragilen und doch resistenten Gesundheit, von komplexer und wechselhafter Natur, macht sie ihre Umgebung laufend fertig, wie auch sie von ihrer Umgebung fertig gemacht wird". Die Beschreibung einer „schizophrenen" geprägten Essenz!
Petit Grain edel erfreut sich großer Beliebtheit. Im Massage-Öl oder als Zimmerparfum verbreitet Petit Grain edel schnell den typisch herbsinnlichen Duft. Wie alle Zitrusdüfte läßt sich Petit Grain edel gut mit anderen Ölen kombinieren: Mit Thymian-Kompressen bei starken rheumatischen Gelenkschmerzen, mit Basilikum in der Duftlampe bei Schlaflosigkeit und in Verbindung mit Rosmarin bei schwachem Selbstvertrauen.

CHAKRA, FARBE, PLANET: siehe Petit Grain, Blätter.

BORNEOL (Dryobalanops camphora)

Bekannte Inhaltsstoffe: d-Borneol, a-Pinen. Destillierte Teile: Harz des alten Baumes.

Kein empfindliches Kraut, keine zarte Blume. Borneol – auch Borneokampfer genannt – ist ein wildwachsender, bis zu 25 Meter hoher Baum! Tag um Tag und Jahr um Jahr beansprucht er ein größeres Terrain, und bald schon kann ihm kein Wind mehr etwas anhaben. An der Westküste von Sumatra und im Norden Borneos ist er zu Hause.
Junge Bäume produzieren den sogenannten „flüssigen Kampfer", doch erst der alte Baum bildet unter der Rinde das so begehrte kristallisierte Harz, woraus mit Wasserdampf das ätherische „Borneol"-Öl gewonnen wird. Es ist ein klares, durchsichtiges Öl, stark antiseptisch; eine wichtige Eigenschaft des Borneol, die zu Zeiten der Pest von großem Nutzen war. Die Chinesen kennen die starken Heilkräfte des Borneol seit mehr als 2000 Jahren. Sie haben ein weniger distanziertes Verhältnis zu Kampfer als die Europäer. Das echte Borneol-Öl, nicht zu verwechseln mit dem ketonhaltigen (daher toxischen) japanischen oder chinesischen Kampfer, ist kostbar und selten zu haben. Borneol ist, genau wie Moschus und Kalmus, kein Öl des täglichen Gebrauchs. In Notsituatio-

nen wie Ohnmacht, Erschöpfung etc. am geöffneten Fläschchen riechen, das bringt einen schnell wieder auf die Beine. Überdosierungen wirken negativ auf den Energiehaushalt des Körpers.

CHAKRA: Visuddha, Ajna, FARBE: blau bis Indigo, PLANET: Jupiter (Schütze/Fische), Uranus (Wassermann).

CAJEPUT (Melaleuca leucadendron)

Bekannte Inhaltsstoffe: 1.8 Cineol, Methyleugenol. Destillierte Teile: Blätter.

Sein Name spricht sich „Ca-je-püh", was aus dem Malayischen kommt, wo Kayu-Puti bzw. Caju-Puti weißer Baum bedeutet. Cajeput ist mit Niaouli (noch so ein merkwürdig klingender Name) und dem australischen Teebaum verwandt. In Indonesien wurde das Cajeput aus der äußerst heilkräftigen Melaleucafamilie für therapeutische Zwecke eingesetzt, lange bevor es im 17. Jahrhundert nach Europa kam. Die Seefahrernation der Niederlande war es, die uns das damals noch sehr seltene und somit teure Cajeput brachte.
In der Hausapotheke sollte das Cajeput nicht fehlen. Für den gesamten Atemorganismus in Erkältungs- und Grippezeiten ist das ätherische Öl ein schnell helfendes Kurmittel. Bei stark verschleimten Stirn- und Nebenhöhlen: Täglich Cajeput – ein wenig mit destilliertem Wasser verdünnt – auf ein Wattestäbchen geben und vorsichtig tief in die Nasengänge einmassieren. Mit darauffolgendem mehrfachem Niesen lösen sich die Verstopfungen. Wer gerne inhaliert, nehme 4 Tropfen in heißem Wasser, zweimal pro Tag. Der Verzicht auf verschleimende Milchprodukte wirkt beim Genesungsprozeß unterstützend. Witterungsbedingte Beschwerden (auch Rheuma), Folgen von Unterkühlungen oder Zugluft können mit Cajeput im Massage-Öl behandelt werden. Im Wohnzimmer und in Arztpraxen desinfiziert Cajeput, es schafft frische Luft!

CHAKRA: Anahata, Visuddha, FARBE: hellgrün bis blau, PLANET: Venus (Stier/Waage), Saturn (Steinbock/Wassermann).

CISTROSE (Cistus ladaniferus)

Bekannte Inhaltsstoffe: Pinen, Transpinocarveol. Destillierte Teile: Zweige.

Ein Strauch mit klebrigen, dunkelgrünen Blättern und großen, weißen, fünfblättrigen Blüten, bis zu 1 Meter hoch, das ist die Cistrose. Täg-

lich öffnen sich neue, schnell verblühende Blüten, als würden sie den Zyklus von Vergänglichkeit, das Wechselspiel von Tod und Leben auf natürliche Weise veranschaulichen. Die Zahl 5 ist eine stets zurückkehrende Größe mit besonderer Bedeutung. Fünf Blütenblätter kennzeichnen die Heilpflanze, das 5. Tierkreiszeichen – Löwe – ist der Sonne zugeordnet, jedes Wesen durchläuft die fünf Entwicklungsstadien: Mineral, Pflanze, Tier, Mensch und schließlich Engel.
Die sonnenhaften Öle und Essenzen helfen uns bei der Wesensfindung. Cistrose stammt ursprünglich aus Asien, sie hat einen durchdringenden, beinahe scharfen Geruch. Erst bei längerem Einatmen kann Freundschaft beginnen. Cistrose vermag von der Oberfläche in die Tiefe zu dringen. Die Oberfläche ist die Haut, unser begrenzendes Medium. Die Tiefe bezeichnet innere, schwer erreichbare Grenzen, vom Wesen mühsam aufgebaut. Die Cistrose dringt in „Mauern" und stillt tiefe Wunden im Gefühlsbereich, auch bei denen, die so etwas nicht glauben. Ihre außerordentlich zusammenziehenden Eigenschaften machen sie zu einem Wund- und Blutstillungs-Heilmittel ersten Ranges.

CHAKRA: Svadhisthana, Manipura-Surya, FARBE: orange bis gelb, PLANET: Merkur (Zwillinge/Jungfrau), Mars (Widder/Skorpion).

„Im Kosmos gibt es keine Leere".
(Aivanhov)

DILL (Anaethum graveolens)

Bekannte Inhaltsstoffe: Limonen, Phellandren, Karvon. Destillierte Teile: Ganze Pflanze.

Dill wartet bescheiden im Gewürzschrank auf seinen Einsatz. Der Liebhaber pflanzt sich das einjährige Kraut in den Garten und verwendet es frisch. Dill ist leicht am Duft zu erkennen. Der charakteristische Dill-Geruch haftet auch am ätherischen Öl, es mutet selbst noch eine Spur feiner an. Die ganze Pflanze mit Früchten wird destilliert. Der Duft bleibt als warme Erinnerung, und in Gedanken formt sich das Abbild mit der feinen Struktur, dem tiefen saftigen Grün und den fiedrigen, sehr zarten Blättern.
Über das vorzügliche Gewürz hinaus ist Dill bei allen Verkrampfungen in der Bauch-, Magen- und Kopfgegend (Migräne) wirksam, während der Stillzeit fördert Dill die Milchbildung. Die Vorzüge des Dills schätzte man schon im 1. Jahrhundert nach Christus, wo es zusammen mit Kümmel und Minze sogar steuerpflichtig war. Um 1550 vor Christus wurde Dill im Papyrus Ebers (Buch über die Arzneimittel der alten Ägypter) als

Heilpflanze erwähnt. Getrocknetes Dillkraut fand man auch in Pharaonengräbern als Grabbeigaben. Heimisch ist der Dill im Mittelmeerraum und im Süden der früheren Sowjetunion. Schnell hat er sich die ganze Welt erobert, und heutzutage kann man ihn in beinahe jedem Kräutergarten finden.
Meine liebe Mutter empfiehlt es als Beigabe einer Lotion für die Fußreflexzonenmassage zur Entspannung des ganzen Körpers. Der Kräuterpfarrer Weidinger wendet es in einer Mischung aus vier Teilen Spiritus und einem Teil Dill-Samen an (das ätherische Öl noch viel sparsamer beigeben) bei seelischer Unruhe. Kombiniert mit Anis und Kamille, wirkt Dill ausgleichend. Beruhigend wirkt es in der Duftlampe bei chronisch unruhigen Kindern, mit Sandelholz gemischt stärkt Dill die Basis.

CHAKRA: Svadhisthana, Visuddha, Ajna, FARBE: orange, blau-indigo, PLANET: Saturn (Steinbock/Wassermann), Merkur (Zwillinge/Jungfrau).

EISENKRAUT, Zitronen- (Lippia citriodora)

Bekannte Inhaltsstoffe: Limonen, Geranial, 1.8 Cineol. Destillierte Teile: Stengel mit Blättern.

Echtes ätherisches Eisenkraut-Öl ist wertvoll und wird nur selten angeboten. Fälschungen mit Lemongrass sind (k)eine preisgünstige Alternative. Der lateinische Name muß stimmen. Gerade bei diesem fein-frisch duftenden Öl lohnt es sich, genau hinzuschauen und Riechproben zu nehmen. Denn seine Wirkung ist nur dann gegeben, wenn es sauber ist. Insbesondere die auf unseren Ätherleib fein einwirkenden Düfte gehören mehr und mehr in die heutige Zeit. Sie helfen uns, bei den Anforderungen des Alltags wir selbst zu bleiben. Das weiße Eisenkraut (Lippia alba) ist billiger und wird häufiger angeboten, sein chemischer Aufbau ist einseitig, verglichen mit dem des Zitronen-Eisenkraut.
Das äußerlich so bescheidene Eisenkraut verlangt einige Fachkenntnis, um es zu erkennen. Ein ausladender Busch, ca. 2 Meter hoch, mit kleinen weißen Blüten in der Krone; ein spartanischer Charakter mit Anspruch an seine Benutzer. Wer es schätzt, kann sich der wohltuenden Energien, die uns das echte Eisenkraut schenkt, bei allen Formen von Abgespanntheit bedienen. Zur Luftreinigung träufele ich das Öl des weißen Eisenkrauts (Lippia alba) im Auto auf eine Holzblume, was gleichzeitig die Konzentration stärkt und gelegentlich aufkeimenden Wutanfällen im Stadtverkehr die Basis nimmt. Ein Tropfen ist genug, um volle Wirkung zu erzielen.

In der Antike galt das Eisenkraut als glücksbringende Pflanze. Sogenannte Hexen und Zauberer, die viel über Kräuter, Pflanzen und deren Heilwirkungen wußten, bereiteten aus deren Bestandteilen Heilsalben und Säfte. Als Pflanze mit Zauberkräften war sie bekannt, weil man mit ihr angeblich Eisen härten und Unwetter vertreiben konnte.

CHAKRA: Anahata, Svadhisthana, FARBE: hellgrün, rot-orange, PLANET: Mars (Widder/Skorpion), Venus (Stier/Waage).

ELEMI (Canarium luzonicum)

Bekannte Inhaltsstoffe: Elemol, Elemicin, Limonen. Destillierte Teile: Harze.

Elemi ist ein hoch wachsender Baum, der auf den Philippinen heimisch ist. Aus dem abgesammelten Harz wird das ätherische Öl mit Wasserdampf gewonnen. Elemi ist kein Lieblingsduft, sein Geruch ist eher scharf und ätzend. Nach Europa kam Elemi im 16. Jahrhundert, wo es aufgrund seiner heilungsfördernden Eigenschaft ein wichtiger Bestandteil von Heilsalben und Gesichtscremes wurde. Elemi läßt Knochen wieder zusammenwachsen! Seit dem frühen 17. Jahrhundert wurden Kriegsverletzungen, darunter auch Knochenbrüche, erfolgreich mit Elemi-Salben und -Kompressen behandelt. Auf Psyche und Nerven wirkt Elemi stärkend, es bündelt die dort vorhandenen Kräfte. Ein Massage-Öl, gemischt mit Elemi und Balsamtanne oder Bergamotte, duftet angenehm frisch, wirkt entspannend und verleiht neue Lebenskräfte.

CHAKRA: Anahata, FARBE: hellgrün, PLANET: Venus (Stier/Waage), Merkur (Zwillinge/Jungfrau).

EUKALYPTUSBAUM

Eukalyptus-Bäume sind typisch für die australische Landschaft, ebenso die sich ausschließlich von seinen Blättern ernährenden Koala-Bären. Es gibt weltweit mehr als 800 verschiedene Eukalyptus-Arten und mindestens sieben verschiedene ätherische Öle. Jeder kennt Eukalyptus als einen der schleimlösenden und desinfizierenden Inhaltsstoffe von Hustenbonbons oder -Sirups. Das Öl macht neugierig. Es weckt Interesse nach dem Ursprung des Eukalyptus, dessen Wesen, Farbe und Wuchs.

EUKALYPTUS CITRIODORA (Eucalyptus citriodora)

Bekannte Inhaltsstoffe: Isopulegol, Citronellal. Destillierte Teile: Blätter.

Das frisch duftende E. citriodora hat eine ganz andere Zusammensetzung als E. globulus und E. radiata. Es besteht zu 65 bis 70 Prozent aus dem Aldehyd Citronellal (zum Vergleich: E. globulus, E. radiata um die ein Prozent), weshalb diese Eukalyptus-Art mehr mit den Essenzen der Zitrusfrüchte als mit ihren australischen Verwandten gemein hat.
Im Sommer, wenn die Insekten Hochkonjunktur haben, ist die Zeit des E. citriodora angebrochen. Wer ungestört in den Abendstunden draußen sitzen möchte, vergeselle sich mit diesem Öl in einem Schälchen mit warmem Wasser, um die Plagegeister abzuhalten. Im Schlafzimmer steht so ein Duftgefäß ebenfalls ideal, weil es sowohl die Mücken abwehrt als auch den Körper entspannt.
Wer den ganzen Tag über im Auto, insbesondere im Taxi fahren muß, kann sich das Leben mit dem Duft von Eukalyptus citriodora erleichtern. In Brasilien zum Beispiel, kennt man diese Düfte auch und wendet sie in Taxis an. Dadurch wird die Luft erträglicher und die Müdigkeit verscheucht.
Im Falle einer, meist sehr schmerzhaften, Gürtelrose empfehlen wir tägliche Kompressen (mehrmals) mit E. citriodora in Kombination mit ein wenig Mentha piperita, siehe auch Aromateil.

CHAKRA: Anahata, FARBE: hellgrün, PLANET: Venus (Stier/Waage).

EUKALYPTUS GLOBULUS (Eucalyptus globulus)

Bekannte Inhaltsstoffe: 1.8 Cineol, Pinen. Destillierte Teile: Blätter.

„Daher habe ich lange suchen müssen, bevor ich seine Charakterologie entdeckt habe, denn seine große Flüchtigkeit, den frischen und offensichtlich einfachen Geruch ließ uns seinen Geist im Künstlichen der Äußeren Welt suchen, während er aber im tiefsten Innern von uns selbst sitzt"; soweit Philippe Mailhebiau über Eukalyptus globulus.
Das ätherische Öl bedeutet Selbsterfahrung. Als „weiser Herr" hilft er uns, die nicht verziehenen Selbstanklagen zu mildern. Derartige „Selbstbremsen" können mit dem sanften E. globulus überwunden werden. Er ist eine große Seele mit mildem Wesen.

Eukalyptus Globulus (Eucalyptus globulus)

Dieses ätherische Öl sollte konstant um uns herum sein, wenn die Atemwege krank sind, bei Asthma und Bronchitis in einer Mischung mit grüner Myrte und gerne auch Zypresse. Eukalyptus-Bäume wurden in Feuchtgebiete gepflanzt, weil sie im Stande sind, diese auszutrocknen. Analog dazu vermag das destillierte Öl die überzähligen Flüssigkeiten bei Verschleimung und Erkältungskrankheiten abzuleiten. E. globulus ist seiner Sanftheit wegen eine gute Alternative für Menschen, denen E. radiata zu deutlich, zu aggressiv ist.

CHAKRA: Anahata, Visuddha, FARBE: hellgrün bis blau, PLANET: Jupiter (Schütze/Fische), Uranus (Wassermann).

EUKALYPTUS RADIATA (Eucalyptus radiata)

Bekannte Inhaltsstoffe: 1.8 Cineol, Terpineol. Detillierte Teile: Blätter.

Eukalyptus radiata verkörpert alles, was mit dem Element Luft zu tun hat: Schnelligkeit, Flexibilität, flinker Geist, leichter Humor und Weltoffenheit. Weisheit jedoch, bei E. globulus im Wesen verankert, ist bei E. radiata nur oberflächlich vorhanden. Stillstand bedeutet für E. radiata Krankheit. Das macht ihn zum idealen Heiler für alle Beschwerden der oberen Atemwege. Verstopften Nasen verschafft er Erleichterung, fördert bei Husten den Auswurf, kurz gesagt: Alle Erkältungskrankheiten können mit Eukalyptus (äußerlich) behandelt werden. E. radiata mit destilliertem Wasser vermischt und anschließend versprüht, verbessert die Luftqualität und desinfiziert zugleich. Ein mildes Öl, das von der ganzen Familie gebraucht werden kann.

CHAKRA: Anahata, Visuddha, FARBE: hellgrün bis blau, PLANET: Jupiter (Schütze/Fische), Uranus (Wassermann).

FENCHEL (Foeniculum vulgare)

Bekannte Inhaltsstoffe: Pinen, Transanaethol. Destillierte Teile: Blühende Pflanze.

Im Mittelmeerraum beheimatet, gelangte der Fenchel schon früh nach China und Indien; zu Land über die Seidenstraße oder zu Wasser über den Persischen Golf, man weiß es nicht genau. Die Römer brachten den Fenchel nach Europa, von wo er von den Siedlern nach Amerika gelangte. Erstmalig wird Fenchel (ins Chinesische übersetzt: „Xiao" =

klein und „Huixiang" = den Wohlgeruch wiederherstellend) im 6. Jahrhundert in einem chinesischen Arzneipflanzenbuch aufgeführt. Damals schon wurden leicht verdorbene Speisen mit Fenchel gekocht, um sie noch anbieten zu können. In China wurde Fenchel in erster Linie als Heilmittel benutzt. Auch in Europa experimentierten Fachkundige mit der weiteren Verarbeitung der Fenchelfrüchte. So wurde 1574 das destillierte ätherische Fenchel-Öl in die Arzneitaxe der Stadt Berlin aufgenommen.
Zusammen mit Anis, Koriander und Kümmel zählt Fenchel zu den vier „warmen Samen", ihre blähungstreibenden Eigenschaften hervorhebend. Außer dem hier beschriebenen wilden Fenchel gibt es noch den süßen Fenchel (foeniculum vulgare var. dulce). Erwachsene, die naturorientierte Eltern haben, sind zweifellos mit Fenchel in Berührung gekommen. Äußerlich, verdünnt in warmem Wasser oder Massage-Öl, kann Fenchel bei Blähungen, Magenschmerzen, nervöser Unruhe, Husten und Heiserkeit sowie Problemen vor der Menstruation Linderung verschaffen. Der Kräuterpfarrer Weidinger schreibt: „Eine besondere Eigenschaft des Fenchel ist, daß er im Körper sehr rasch Wärme erzeugt. Dadurch bessern sich krampfartige Zustände sehr schnell."

CHAKRA: Anahata, Svadhisthana, FARBE: hellgrün bis rot-orange, PLANET: Merkur (Zwillinge/Jungfrau), Mars (Widder/Skorpion).

FICHTE, schwarz (Picea mariana)

Bekannte Inhaltsstoffe: Pinen, Bornylacetat, Kardinen. Destillierte Teile: Nadeln und Zweige.

Die Schwarzfichte überwindet mit Geduld alle Meilensteine des Lebens. Die in fast ganz Kanada vorkommende Fichtenart erhielt ihren Namen – wie ihre Verwandten Rot- und Weißfichte übrigens auch – durch den farblichen Gesamteindruck. Fichten brauchen viel Zeit, um sehr hoch zu wachsen. Nach 150 Jahren mißt die Schwarzfichte ca. 20 Meter und hat damit erst zwei Drittel ihrer Gesamthöhe erreicht.
Die Fichte hat ausgeprägten „Yang"-Charakter (Yang = männliche Urkraft, nach dem schöpferischen Prinzip in der chinesischen Philosophie), ihre Energien sind in Ruhe gereift und wirken ausgleichend auf Menschen mit zuviel „Yin"-Energie. Die vielleicht wichtigste Botschaft der Fichte ist die Entwicklung mit zunehmendem Alter hin zu mehr Sanftheit und Selbstlosigkeit. Die Schwarzfichte bevorzugt Feuchtge-

biete wie Sumpf- oder Moorlandschaften. Dementsprechend ist sie bei allen Schmerzen wirksam, die mit Kälte oder Wasser zu tun haben (Gicht, Rheuma, Erkältung). Der Duft der Fichte erfreut sich ähnlicher Beliebtheit wie die Zitrusfrucht-Essenzen. Mit Geduld spricht sie auch eher verschlossene Menschen an, solche, die zunächst nichts besonderes an den duftenden Flüssigkeiten finden können.

CHAKRA: Muladhara, Visuddha, FARBE: rot-orange, blau, PLANET: Saturn (Steinbock/Wassermann), Merkur (Zwillinge/Jungfrau).

„Die Liebe ordnet und harmonisiert
alles in euch und um euch".
(Aivanhov)

GERANIUM, Rosengeranie (Pelargonium graveolens)

Bekannte Inhaltsstoffe: Citronellol, Geraniol, Ester. Destillierte Teile: Blätter.

Urprünglich in Afrika heimisch, schaffte die Pflanze gegen Ende des 17. Jahrhunderts den Sprung nach Europa. Seit Ende des 19. Jahrhunderts ist die Insel Réunion im Indischen Ozean untrennbar mit dem Anbau von Geranium verbunden. Nur wenige Pelargonium-Arten eignen sich für die Gewinnung des ätherischen Öls. Die wichtigste unter ihnen, die Rosengeranie, wird seit 1900 in Grasse/Frankreich gezüchtet.
Das ätherische Öl der Rosengeranie duftet intensiv blumig, ein erster Kontakt ist fast immer angenehm. Wer Geranien als unverdrossen wachsende und in vielen Farben blühende Balkonpflanze kennt, wird über die Intensität des ätherischen Öls, das aus den Blättern gewonnen wird, verwundert sein. Es will verdünnt werden, um den feinen, geranientypischen Duft auszuströmen. In richtiger Dosierung wirkt sie ausgleichend auf angespannte Nerven; mit Basilikum, das der Verbindung die Würze gibt, werden Angstzustände gelindert und ein „wie-neu-geboren"-Gefühl kann sich entfalten. Geranium ist auch stark entzündungshemmend und fördert den Heilprozeß bei Wunden, Schnitten und Verbrennungen. Es kann zu diesem Zweck unverdünnt aufgetragen werden. In einer Schale mit warmem Wasser vertreibt der Duft die aufdringlichen Sommer-Insekten. Die Geranie ist eine Freundin des Menschen und tut ihr Bestes für unser Wohlergehen.

CHAKRA: Muladhara, Manipura-Surya, FARBE: orange-rot bis gelbgrün, PLANET: Venus (Stier/Waage), Saturn (Steinbock/Wassermann).

GEWÜRZNELKE (Eugenia caryophyllata)

Bekannte Inhaltsstoffe: Eugenol, Caryophyllen. Destillierte Teile: getrocknete Blütenknospen

Beheimatet ist dieser die Wassernähe liebende immergrüne und selten bis zu 20 Meter hoch wachsende Baum auf den indonesischen Molukken, eine der „Gewürzinseln". Ein Tropfen Nelke in der Duftlampe gibt ungefähr eine Vorstellung von dem Duft, der über den Molukken hing, bevor die Holländer den überwiegenden Teil der Bäume verbrennen ließen. Die stark keimtötenden Wirkstoffe der Gewürznelke hatten die Einwohner bis dahin vor schweren Epidemien beschützt. Heilkundige trugen bei ihren Krankenbesuchen Ketten von Gewürznelken um den Hals, oder lutschten sie aus, um sich vor Ansteckung zu schützen. Als Geburtsvorbereitung machten sich Hebammen die entspannungsfördernden Eigenschaften der Nelke auf die Gebärmuttermuskeln zunutze, nach der Geburt wurde der Nabel des Neugeborenen mit Nelke desinfiziert, dabei waren die schmerzstillenden Eigenschaften der Nelke von großem Nutzen.
Die Zahnheilkunde kennt die leicht betäubende und desinfizierende Wirkung der Nelke, Zahnschmerzen zu Hause können mit einem getränkten Wattebausch notfalls den Schmerz stillen. Nelkenöl ist auch gut gegen aufdringliche Insekten, denen der Duft zu stark ist. Zu Weihnachten werden Orangen als Duft-Dekoration mit Nelken gespickt, aber auch zur Insekten-Abwehr. Die Wirkung bleibt so oder so nicht aus.
Zwei verschiedene ätherische Öle werden aus der Gewürznelke gewonnen; man gewinnt das Öl aus der Kralle, seltener aus den blühenden Köpfen.

CHAKRA: Muladhara, Svadhisthana, FARBE: rot-orange, PLANET: Saturn (Steinbock/Wassermann), Mond (Krebs).

GRAPEFRUIT oder PAMPELMUSE (Citrus paradisii)

Bekannte Inhaltsstoffe: Limonen, Pinen, Citral. Kaltpressung der Schalen.

Wer kennt die große gelbe Verwandte der Orange nicht? Etwas herber im Geschmack, etwas weniger verbreitet. Die Pampelmuse, aus den frischen Schalen gepreßt, birgt eine tiefgehende, ganz und gar unaufdringliche Anwesenheit. Es gibt nur wenige Nasen, die diesen Duft nicht angenehm finden. Wie alle Zitrus-Essenzen hat auch die Pampelmuse eine aufhellende Wirkung und ist in einer Duftlampe im Arbeitszimmer ideal. Schwereren Düften (Narde, Patschuli etc.) gibt sie eine fröhliche Note. Die feinen Geruchsstoffe der Pampelmuse dringen tief in die Seele und helfen schnell beim Aufbau neuer Energien. Vor allem ist dieser wunderbar frische Duft in der Lage, stets von neuem zu begeistern und traurige oder negative Gedanken zu transformieren. In einem Massage-Öl wirkt die Essenz der Pampelmuse hautstabilisierend und durchblutungsfördernd.

CHAKRA: Manipura-Surya, FARBE: orange, PLANET: Sonne (Löwe).

HEILIGENKRAUT (Santolina chamaecyparissus)

Bekannte Inhaltsstoffe: Artemisia-Keton. Destillierte Teile: Blütenköpfe.

Eine eigenwillige Pflanze mit gelb leuchtenden Köpfchen von höchstens 10 mm Durchmesser, die auf langen dünnen Stengeln pranken und gesehen werden wollen. Wer eine Lupe zur Hand nimmt und sich die Blüte in Vergrößerung anschaut, erkennt ein natürliches Mantra. Eine meditative, sich von innen nach außen drehende Form. Wer kein Anschauungsobjekt besitzt, kann auch unser Titelbild einmal genauer betrachten. Uns hat das Heiligenkraut, auch Zypressenkraut genannt, schon lange verzaubert, denn die Natur kann kein schöneres Bild schaffen.
Ihr ätherisches Öl ist in der Welt der Düfte beinahe nicht zu finden. Wer den Flacon öffnet und eine zur Klein- und Zartheit der Pflanze passende Duft-Note erwartet, war zu voreilig und wird sich, ob der tatsächlichen Mächtigkeit, sehr wundern. Heiligenkraut vermag durch kleinste Poren zu dringen und das Loslassen von Spannungen zu stimulieren. Santolina, wie es auch häufig genannt wird, wirkt stark auf die Psyche, Therapeuten arbeiten gerne mit diesem sehr kostbaren Öl. Beinahe zu schade hierfür, kann Wäsche vor Motten geschützt werden, wenn man einen Tropfen auf ein Leinensäckchen träufelt und in den Schrank legt. In Heiligenkraut steckt die Weisheit eines Universums: Miteinander verbunden und doch zur Umgebung hin geöffnet. Wer sich einmal in ihm verliert, kehrt reich an Eindrücken heim.

CHAKRA: Anahata, Visuddha, Sahasrara, FARBE: hellgrün, blau, indigo, PLANET: Venus (Stier/Waage), Merkur (Zwillinge/Jungfrau), Jupiter (Schütze/Fische).

„Denn ihr alle seid Kinder des Lichtes und Kinder des Tages".
(Thess. 5.5)

IMMORTELLE (Helichrysum italicum var. serotinum)

Bekannte Inhaltsstoffe: Nerylacetat, Nerol, Dione. Destillierte Teile: Blüten.

Die Immortelle wird auch Sandstrohblume genannt. Ihre vier bis sechs Millimeter breiten, aufrecht stehenden, etwas vorwitzigen sonnengelben Köpfchen thronen auf dünnen, beinahe kahlen Stengeln. Diese höchstens 60 cm hohe Pflanze erweckt den Eindruck der Kopflastigkeit, da sie in diesen runden gelben höchsten Punkt ihre gesamte Anziehungskraft gelegt hat. Doch die chemische Zusammensetzung des ätherischen Öls verrät eine gut ausgeprägte, starke Mitte. Da sie in ihrem Aufbau ausgewogen ist, ist sie sehr geeignet für Menschen, die keine Basis in sich fühlen, oft Luftzeichen mit mangelnder Planetenbesetzung in den Erdzeichen.
Der Duft des Immortellen-Öls zieht scharf in die Nase, hinterläßt aber blumigen Wohlgeruch. Ein Blick durch die Lupe auf die Blüte offenbart eine spiralförmige, in ihrer Kleinheit völlig perfekte Struktur. Ihre Energie wird nirgendwo blockiert, es ist ein funktionierendes System. Menschen mit Zirkulations-Problemen – vor allem festsitzende Denkstrukturen –, aber auch Krämpfe, festsitzender Schleim und Kopfschmerzen, durch Leberfunktionsstörungen verursacht, können sich der Immortelle bedienen. Die Anwendung erfolgt stets in hoher Verdünnung mit einem Basisöl (für die äußerliche Massage-Behandlung) oder in Kombination mit anderen ätherischen Ölen in der Duftlampe oder ebenfalls in einem selbstgemischten Körper-Öl. Immortelle in einer Mischung mit Rosmarin bringt Ruhe in lästiges Gedankenwirrwarr, erleichtert aber auch Hautprobleme und Lymphdrüsenstauungen. Wenn der Kopf vom Bauch emotionell getrennt zu sein scheint, hilft die Immortelle durch ihren sonnenhaften Charakter, diese Verbindung wiederherzustellen.

CHAKRA: Manipura-Surya, Anahata, FARBE: gelb bis hellgrün, PLANET: Sonne (Löwe), Venus (Stier/Waage).

INGWER (Zingiber officinale)

Bekannte Inhaltsstoffe: Zingiberen, 1.8 Cineol, Geraniol. Destillierte Teile: Wurzel.

Die meisten Westeuropäer kennen Ingwer als Beigabe von Süßigkeiten (Ingwerstäbchen) oder Getränken (Ginger Ale etc.). Ich habe Ingwer beim Japaner kennengelernt, als gesunde und wohlproportionierte Bei

gabe zu Sushi oder anderen japanischen Gerichten. Das zunächst scharfe Aroma, das viele Menschen abschreckt, verwandelt sich schnell in einen angenehmen Nachgeschmack. Ingwer hat als Gewürz und Medizin eine lange Tradition. Die alten Ägypter verwendeten Ingwer in ihren Speisen, um Epidemien in Schach zu halten. Es ist überliefert, daß ältere Männer, die junge Frauen heirateten, Ingwer als Liebes-Stimulans einnahmen. Inselbewohner, die traditionsgemäß zur See fuhren, kauten den Ingwer und spuckten ihn in den Wind, um ihn zu besänftigen.
Die Ingwer-Pflanze liebt Wasser, Feuchtigkeit und Hitze, also ein tropisches Klima. Das aus der Wurzel destillierte Öl ist ein eher selten vorkommender Duft, obwohl seine Wirksamkeit bei Rheuma, Erkältung, verstopfter Nase, Muskelziehen, Kopfschmerzen u.v.m. durch seine schweißtreibenden Eigenschaften sehr hoch ist. Ingwer räumt schnell die Atemwege frei und regt den Appetit an. Traditionell verwendeten Medizinmänner vorher gekauten Ingwer auf Wunden und Verbrennungen, um den Schmerz zu stillen und Entzündungen zu verhindern. Ätherisches Ingwer-Öl sollte nicht pur auf der Haut angewendet werden. Das feine Aroma verbreitet in der Duftlampe oder in einem Massage-Öl rasch frische Luft, in Grippezeiten eine vorbeugende Maßnahme gegen Ansteckung.

CHAKRA: Anahata, Svadhisthana, FARBE: hellgrün, orange, PLANET: Venus (Stier/Waage), Mond (Krebs).

„Geiz führt zu Armut"
(indisch)

JASMIN (Jasminum officinale)

Bekannte Inhaltsstoffe: Benzylacetat, Linalol, Jasmon. Extrahierte Teile: Blüten.

Mein Lektor wünscht Sachlichkeit, wenngleich dem Jasmin-Duft überschwengliche Worte gebühren. Bisher habe ich tatsächlich niemanden ablehnend die Nase rümpfen sehen, der am geöffneten Fläschchen schnupperte.
Die Gattung des Jasmin kam ursprünglich aus Indien, während der Name aus Persien stammt, vom dortigen „Yasmin". Es gibt ca. 300 verschiedene Sorten, meist betörend duftend, allen gemein sind die weißen Blüten. Das Absolue wird mittels einer komplizierten und langwierigen Prozedur gewonnen. Das 100 Prozent reine ätherische Öl ist praktisch nicht zu haben. Jasmin-Öl wird inzwischen (alles andere ist nicht mehr zu bezahlen) mit Hilfe von Lösungsmitteln aus den Blüten gewon-

nen, die bei „reinen" Ölen nahezu rückstandsfrei destilliert werden. Lassen Sie sich von „günstigen Angeboten" nicht täuschen! Jasmin in reinster Qualität ist immer teuer. Echter Jasmin-Duft öffnet das Herz und streichelt die Seele, befreit Menschen augenblicklich von schlechter Stimmung, ist also in erster Linie ein Öl für die Psyche. Es ist im Stande, sich mit unserem Ätherleib zu verbinden und augenblicklich unsere Einstellung zu verändern. Wer diesen Duft im Gedächtnis gespeichert hat, wird ihn jederzeit wiedererkennen. Ein halber Tropfen in der Duftlampe erfüllt die Atmosphäre sofort und bereitet die Räume auf interessanten Besuch vor. Jasmin ist eine Venus, Schönheit und Wärme sind ihre Stichworte. Ein schüchterner Zeitgenosse wird die nonverbale Kommunikation des Jasmin zu schätzen wissen, denn sein Duft regt an, macht mutig, großzügig und gelassen.

CHAKRA: Manipura-Surya, Anahata, FARBE: gelb bis hellgrün, PLANET: Merkur (Zwillinge/Jungfrau), Venus (Stier/Waage).

„Das Leben ist nie das gleiche,
es kreist und wandelt".
(Aivanhov)

JOHANNISKRAUT (Hypericum perforatum)

Bekannte Inhaltsstoffe: a-Pinen, Germacren. Destillierte Teile: Blütenköpfe.

Der 24. Juni ist Johannistag, der Tag, an dem das gleichnamige Kraut in schönster Blüte steht und zur Mittagszeit geschnitten werden soll. Nach alter Überlieferung dient es der Bekämpfung böser Geister. In Wut entbrannt, habe der Teufel selbst die Blätter „durchlöchert". Der lateinische Name „perforatum" bezeichnet die scheinbar porösen Blätter, die in Wahrheit unzählige kleine ölhaltige Drüsen sind. Das Johanniskraut heißt auch: Teufelsflucht, Liebeskraut, Frauenkraut, Hexenkraut, unserer Frauen Bettstroh, Eisenblut, Blutkraut, Johannisblut etc.. Zerdrückt man die fünfblättrigen, gelben Blüten, tritt der rötliche Saft aus, der zur Legendenbildung früherer Zeiten sicher erheblich beigetragen hat.
Der Interessierte kann anhand der volkstümlichen Bezeichnung der Pflanze deren Heilwirkung bzw. Anwendungsgebiete erspüren. Johanniskraut ist sowohl als ätherisches, als auch als pflanzliches Öl im Handel erhältlich. Mit letzterem können Blutungen gestillt, Wunden versorgt und Frauenkrankheiten kuriert werden. Die in Olivenöl eingelegten und abgeseiten Blüten ergeben das pflanzliche Johanniskraut-Öl, das den peinigenden Hexenschuß lindert, die durch Verletzung entstandene

Schwellung bzw. Verrenkung versorgt und vorzüglich bei Verbrennungen verarztet.
Für nervöse Störungen (früher: „Besessenheit“, heute: „Hysterie“) im seelischen Bereich, dort wo viele Krankheiten beginnen, war und ist Johanniskraut ein von der Natur gegebenes „Valium“, darum auch „Arnika der Nerven“ genannt. Das ätherische Johanniskraut-Öl für unruhige Gemüter tropfenweise in die Duftlampe geben. Schlecht heilende Geschwüre können mit stark verdünntem, am besten selbstgemachtem Körper-Öl versorgt werden. Tägliches Einmassieren des Nagelbetts hilft bei chronisch eingewachsenen Nägeln. Es ist ratsam, Johanniskraut – in welcher Form auch immer – im Haus zu haben, bei allen Verletzungen als „Pflaster“ für den Moment danach. Während es auf der psychischen Ebene schnell anschlägt, erfordert die Wundbehandlung regelmäßige Versorgung.

CHAKRA: Muladhara, Anahata, Visuddha, FARBE: orange, hellgrün, blau, PLANET: Sonne (Löwe), Mars (Widder/Skorpion).

„Nichts bleibt immer gleich: Wesen und Dinge leben, sie senden jeden Tag neue Strahlungen aus“.
(Aivanhov)

KAMILLE, römische (Chamaemelum nobile)

Bekannte Inhaltsstoffe: Isobutyl-Angelat, Isoamyl-Angelat. Destillierte Teile: Pflanzenköpfe.

Die bescheidene Gestalt der Kamille erfüllt den Betrachter mit Bewunderung, angesichts ihrer Berühmtheit auf dem Gebiet der Heilkunst! Die Römische oder Große Kamille hat hell pastellfarbene, längliche Hüllblättchen, die in Büscheln, zum Streicheln reizend, um den kegelförmigen Blütenkopf fallen. Griechische und römische Heilkundige priesen in frühesten Zeiten die Heilkräfte der Kamille. Undeutlich blieb aber, welche Kamillenart gemeint war. In Mitteleuropa wurde die Römische Kamille erstmals eindeutig im 16. Jahrhundert beschrieben. Ihrer hohen Qualität wegen haben sich heutzutage die Römische und die Blaue Kamille durchgesetzt.
Kamille ist auf Eroberung der Menschen aus, was ihr bei Kindern ohne große Anstrengung gelingt. Sie lassen sich spontan auf Düfte ein. Der sanfte Charakter macht die Kamille zu einem der geeignetsten ätherischen Öle für Kinder, das es überhaupt gibt, ob bei starker Unruhe, Schlafstörungen, Bauchkrämpfen oder Hautproblemen. An das vernach-

lässigte Herz von Heran- und Erwachsenen sei sie sozusagen als Wegbegleiter bei Unzufriedenheit, Wut, Ärger und Überempfindlichkeit gelegt. Der Duft der römischen Kamille ist auch unter dem Namen Edelkamille zu finden und gehört natürlich in die Hausapotheke.
CHAKRA: Manipura-Surya, Anahata, FARBE: gelb bis hellgrün, PLANET: Sonne (Löwe), Mond (Krebs).

KAMILLE, blaue, deutsche, (Matricaria chamomilla)

Bekannte Inhaltsstoffe: Chamazulen, Farnasen. Destillierte Teile: Blütenköpfe.

Eine alte Bekannte kreuzt meinen Weg. Grün-gelb-weiß leuchtend steht sie auf Wiesen und an Wegesrändern, um dem Spaziergänger Freude zu bereiten. Die „kleine Kamille", wie sie auch genannt wird, ist im Zweifel leicht an ihrem hohlen Blütenboden zu erkennen. Während der Destillation entsteht aus dem in der Pflanze enthaltenen Matrizin das blaue Chamazulen, das dem Kamillen-Öl die charakteristische, tiefblaue Farbe verleiht. Im Gegensatz zur Römischen Kamille enthält die Blaue Kamille große Mengen Azulen. Dieser Stoff hat stark entzündungshemmende und fiebersenkende Eigenschaften. Ganz besonders bei Hautproblemen ist die blaue Kamille ein ideales Heilmittel. Regelmäßiges Inhalieren bei chronischem Schnupfen hilft, hierzu nehme man höchstens fünf Tropfen ätherische Kamille auf einen Liter heißes Wasser. Nach dem Sport dem Badewasser ein paar Tropfen Blaue Kamille hinzufügen, das gibt der Muskulatur Entspannung und dem gesamten Atmungsapparat Gesundheit.
Der lateinische Name „matricaria" kommt von matrix und bedeutet Gebärmutter. Deutlicher kann der Hinweis auf die heilende Wirkung der deutschen Kamille bei Menstruationsschmerzen nicht sein. In Lazaretten des 2. Weltkrieges diente die Kamille als natürliches Desinfektionsmittel, um die Verwundeten zu versorgen, vielleicht deswegen ihr Beiname „Antibiotikum der Natur". Ein weiteres Unterscheidungsmerkmal der zwei Kamillen-Öle: Das ätherische Öl der Blauen Kamille ist teurer und seltener zu finden.

CHAKRA: Anahata, FARBE: hellgrün, PLANET: Jupiter (Schütze/Fische).

KARDAMOM (Elettaria cardamomum)

Bekannte Inhaltsstoffe: Terpenylacetat, 1.8 Cineol, Linalol. Destillierte Teile: Kapseln und Samen.

Gänzlich unbemerkt kommt der Kardamom daher, ein Angehöriger der Ingwergewächse. Gar nicht aus europäischen Kulturbreiten stammend, hat er doch den Weg in unsere Breitengrade gefunden. Wir verfeinern mit Kardamom die vegetarisch orientierte Küche.
Aus dem sagenhaft bunten, traditionsreichen Indien kam der Kardamom im Mittelalter nach Deutschland, wo er sich in niederen Lagen und kalten Klimaten noch nicht ganz zu Hause fühlte. Seine Bedeutung als Geschmacksverfeinerung wurde von Bäckern alsbald hoch geschätzt. Gemeinsam mit Zimt, Nelken und natürlich Ingwer gelangte Kardamom so zu einiger Berühmtheit.
Mit diesem orientalischen Duft-, Würz- und Heilmittel genesen die Chinesen noch immer Darmkrankheiten. Es ist nicht völlig geklärt, ob der Name aus dem arabischen „hehmama" für scharf/durchdringend stammt oder aus dem griechischen „amom" für tropische Gewürzpflanze. Kardamom wächst gerne in hohen tropischen Lagen. Geerntet werden sowohl wilde als auch in Kulturen angebaute Pflanzen. Nach etwa sieben Jahren werden die Kulturpflanzen erneuert. Das ätherische Öl ist farblos, sehr charakteristisch duftend. Es erinnert an den wärmenden Kardamom-Tee, der erfrorene Gliedmaßen im Winter schnellstens wieder fühlen läßt. Mit Kardamom aromatisierte Räume haben eine beruhigende Ausstrahlung. Die Inder nehmen die Gewürzkörnchen nach dem Essen, um die Verdauung anzuregen und schlechte Mundluft zu vertreiben.

CHAKRA: Visuddha, Manipura-Surya, FARBE: blau, gelb, PLANET: Mars (Widder/Skorpion).

KAROTTE (Daucus carota)

Bekannte Inhaltsstoffe: Carotol, Daucol, Bisabolen. Destillierte Teile: Früchte (Samen).

Wie bei vielen Pflanzen, aus denen ätherisches Öl gewonnen wird, unterscheidet man auch bei der Karotte eine Wild- und eine Kulturpflanze. Die Holländer kultivieren diese Kulturpflanze seit dem 17. Jahrhundert. Das aus den Samen destillierte ätherische Öl hat ein volles, jedoch ungekannt sanftes Aroma. Dieser an Babygeruch erinnernde Duft

ist im Stande, Barrieren zu überwinden. Es scheint, als sei die Karotte in der Lage, Zufriedenheit zu schenken.
In der Küche hat sie ihren Stammplatz. Der Genuß von rohen, gekochten oder gesafteten Karotten (ca. 200 g pro Tag) kann bei Verdauungsstörungen (häufig bei kleinen Kindern vorkommend), Wasseransammlungen im Körper, Gicht und Rheuma sehr empfohlen werden. Karotten stärken die körpereigenen Abwehrkräfte und beugen Sehschwächen vor. Ihr ätherisches Öl hingegen, obwohl nicht giftig, sollte nur äußerlich angewendet werden. Das bedeutet keine Minderung der Fähigkeiten und Heilwirkungen, im Gegenteil. Die heilenden Eigenschaften der Karotte dringen durch die Haut in unseren Körper, wo sie schnell zu wirken beginnen. Karotten-Öl beugt Faltenbildung vor und hilft bei allgemeiner Hautregeneration. Das stark konzentrierte ätherische Öl wird hierzu in einem Verhältnis von 1:50 mit einem Basisöl vermengt. Auch schmerzende und aufgetriebene Bäuche von Kleinkindern und Babies können mit dieser Mischung eingerieben werden. Die wirksamen Stoffe der Karotte sind auch in zahlreichen Pflegeprodukten wie Sonnenöl, Gesichtslotionen und -masken sowie glättenden Cremes enthalten.

CHAKRA: Svadhisthana, Manipura-Surya, FARBE: orange, gelb, PLANET: Merkur (Zwillinge/Jungfrau).

KIEFER, gemeine, oder FÖHRE (Pinus sylvestris)

Bekannte Inhaltsstoffe: Pinen, Limonen. Destillierte Teile: Zweige.

Der Übergang vom Herbst zum Winter ist vollendet, der Frost knarrt unter den Schuhen und die frische Waldluft ist angereichert mit Pinen, dem bekanntesten Wirkstoff der Nadelgehölze. Unsere Lungen könnten gesunde Energie tanken als Vorsorge für den Winter. Die Krone der Kiefer ist voll und gut verzweigt, genauso der Wurzelballen, am anderen Ende des Stammes unterirdisch. Die Natur hat der Kiefer eine ausbalancierte Form gegeben, die dem aufmerksamen Beobachter erst auf den zweiten Blick auffällt. Die Kiefer ist vom Boden bis zur Hälfte ihres Stammes kahl. Die „Gemeine Kiefer" oder einfach „Waldkiefer" ist konkurrenzlos in ihrer Ausbreitung, sie ist eines der wichtigsten Nutzhölzer, wodurch ihr Bestehen nicht in Gefahr ist. Die kalte Jahreszeit ist die Zeit der wärmenden Holzdüfte. Wenn es draußen frisch wird, müssen Hals, Hand- und Fußgelenke vor rauhen Winden geschützt werden. Die von den Menschen im Winter instinktiv bevorzugten Holz-Öle

geben ihnen, was sie für die Krankheiten der kalten Jahreszeit nötig haben. Kiefern-Öl wirkt u. a. bei Gicht, Rheuma, Husten, Halsschmerzen und Erkältung. Wer die Kiefer aus dem Wald kennt, einmal einen Harztropfen zwischen den Fingern zerrieben hat, ist schon nahe am Duft des ätherischen Öls.
In einer Duftlampe verbreitet sich würzige Waldluft, während die wirksamen Stoffe bereits in die Atemwege vordringen. Brust und Rücken werden bei festsitzendem Husten am besten mit einem selbstgemachten Brustbalsam versorgt, bestehend aus 50 Teilen Basis-Öl, einem Teil Kiefer und einem Teil Eucalyptus globulus. Wer es angenehm findet, kann dem noch heißen Badewasser einige Tropfen hinzufügen, vorab mit einem Eßlöffel Emulgator vermischt. Alles hilft der Genesung. Für würzige Waldluft sorgt ein Schuß Kiefern-Öl im Sauna-Aufguß. Unter der Tanne ist ein Fläschchen Kiefer ein kleines, aber sehr feines Geschenk für den, der sie noch nicht besitzt!

CHAKRA: Muladhara, Visuddha, Anahata, FARBE: orange, gelb, hellgrün, PLANET: Saturn (Steinbock/Wassermann).

KIEFER, Meer-, oder Strand- (Pinus pinaster)

Bekannte Inhaltsstoffe: Pinen, Caren, Caryophyllen. Destillierte Teile: Zweige.

Diese Kiefernart wächst mit Vorliebe in südlichen Regionen an der Küste. Der aggressiven Brandung zuvorkommend, ist die Strandkiefer Ende des 16. Jahrhunderts zum Zwecke der Uferbefestigung systematisch gezogen worden. Rauhe Stürme, sanfte Meereslüfte, gepaart mit brennender Sonne, so duftet das aus den langen Nadeln gewonnene Öl der Strandkiefer. Ihr frischer Duft erinnert eher an Sommerurlaub als an die Winterzeit, ihr Duft ist belebend.
Der in diesem und anderen Kiefern-Ölen hohe Monoterpene-Anteil (ca. 75 bis 85 Prozent) gibt den Düften eine kaum wahrnehmbare Strenge, die sich jedoch rasch in den typisch balsamischen Kieferduft verändert. Ihre Bestandteile vermögen Luft und Atmosphäre zu reinigen, ja zu säubern, in Grippezeiten ideal. Alle Entzündungen oder Verschleimungen der Atemwege, Gicht, Rheuma und Neuralgien stehen auf ihrer Zuständigkeitsliste. Auch ganz gesunde Menschen, die neben ihrer Wohnungsluft die Atemwege intakt halten wollen, werden an diesem ätherischen Öl Freude haben.

CHAKRA: Muladhara, Svadhisthana, FARBE: rot, orange, PLANET: Saturn (Steinbock/Wassermann), Mond (Krebs).

KIEFER, Arve, Zirbel- (Pinus cembra)

Bekannte Inhaltsstoffe: Pinen, Limonen. Destillierte Teile: Zweige mit Nadeln.

Im Gegensatz zur Waldkiefer ist die Arve mit einem dichten Nadelkleid versehen. In zentral- und südeuropäischen Berglandschaften bis zu einer Höhe von 2500 Metern ist die bis zu 20 Meter hohe Zirbelkiefer heimisch. Aus den jungen Zweigen wird das ätherische Öl gewonnen. Der balsamische Holz-Duft ist voll von Wind und Wetter strotzender Widerstandskraft.
In der Duftlampe regt dieses Öl die Durchblutung der Lungen an und desinfiziert die Atemwege. Rheuma und Muskelschmerzen werden durch die regelmäßige Massage mit einem kiefernhaltigen Öl stark gelindert.

CHAKRA: Muladhara, Visuddha, FARBE: orange, blau, PLANET: Saturn (Steinbock/Skorpion), Jupiter (Schütze/Fische).

KORIANDER (Coriandrum sativum)

Bekannte Inhaltsstoffe: Decanal, Coriandrol. Destillierte Teile: Ganze Pflanze.

Bisweilen finden sich für Koriander auch die Namen Wanzenkraut oder Stinkdill, womit der wanzenähnliche Geruch des frischen Krauts treffend beschrieben wird. Erst einmal getrocknet, reicht die Bewertung von unausstehlich bis appetitanregend. Das ätherische Koriander-Öl hat nichts mehr von jenem unreifen Vorstadium. Mit voll-würzigem Aroma, für viele Nasen durchaus angenehm, zeigt es sich 100 Prozent konzentriert von seiner besten Seite. Das hier beschriebene Korianderöl aus der ganzen Pflanze destilliert, ist in seinem biochemischen Aufbau völlig verschieden von dem aus den Samen gewonnenen Öl.
Koriander, das haben in Pharaonen-Gräbern gefundene Korianderfrüchte belegt, war schon den alten Ägyptern bekannt. Es wird als Gewürz für Gebäck, Brot, Fisch und Wild gebraucht oder als Heilpflanze.
1574 wurde das Koriander-Öl in die Spezerei (Gewürz-)Taxe von Berlin eingetragen. Seine Heimat liegt jedoch fern in der östlichen Mittelmeergegend. Koriander ist einer der sogenannten „vier warmen Samen“,

wobei die Bezeichnung „Samen“ – zumindest was den Koriander betrifft – nicht korrekt ist; hier handelt es sich um die Früchte des Korianders, die Gewürz und Rohstoff des ätherischen Öls sind. Das frisch zerriebene Kraut dient der Behandlung von Entzündungen und Geschwüren. Ätherisches Koriander-Öl vermag Erscheinungen von Abgespanntheit sowie Gedächtnisschwächen mit frischer Energie anzufüllen und stimuliert in einem Massage-Öl die Verdauung.

CHAKRA: Muladhara, Svadhisthana, FARBE: rot, orange, PLANET: Saturn (Steinbock/Wassermann), Sonne (Löwe).

KÜMMEL, Wiesen- (Carum carvi)

Bekannte Inhaltsstoffe: Carvon, Limonen. Destillierte Teile: Früchte.

Der Kümmel hat in den europäisch gemäßigten Breitengraden eine lange Tradition. Ausgrabungen in der Schweiz brachten Erstaunliches zutage. Die gefundenen Wohnstätten aus der Jung- und Mittelsteinzeit enthielten Kümmelfrüchte in fossiler Form!
Wiesenkümmel ist zweijährig. Erst im zweiten Jahr reifen aus den hübschen Blüten die Früchte, welche in getrockneter Form zum begehrten Kümmelkörnchen werden. Wildwachsender Kümmel enthält besonders viel ätherisches Öl. Das hellgelbe, klare Öl duftet warm, würzig, etwas moschusartig und erinnert entfernt an ein anderes Mitglied der „warmen Samen“, den Fenchel. Wie seine Verwandten ist auch der Kümmel ein Verdauungsspezialist. Einreiben im Uhrzeigersinn der betreffenden Bauchregion empfiehlt sich „wärmstens“ in höchster Verdünnung. Ein Öl für unsere Kleinsten, wohlgemerkt äußerlich angewendet. Für die Großen hat Lucas Bols zu Amsterdam schon im Jahre 1575 einen Kümmellikör komponiert, der seither bestens geeignet ist, Verdauungsprobleme zu lösen.

CHAKRA: Muladhara, Svadhisthana, FARBE: rot, orange, PLANET: Mars (Widder/Skorpion), Sonne (Löwe).

KREUZKÜMMEL (Cuminum cyminum)

Bekannte Inhaltsstoffe: Cuminol. Destillierte Teile: Früchte.

Die alten Griechen, Römer und Ägypter haben mit der von ihnen beschriebenen Kümmelpflanze den Kreuzkümmel gemeint, der dem

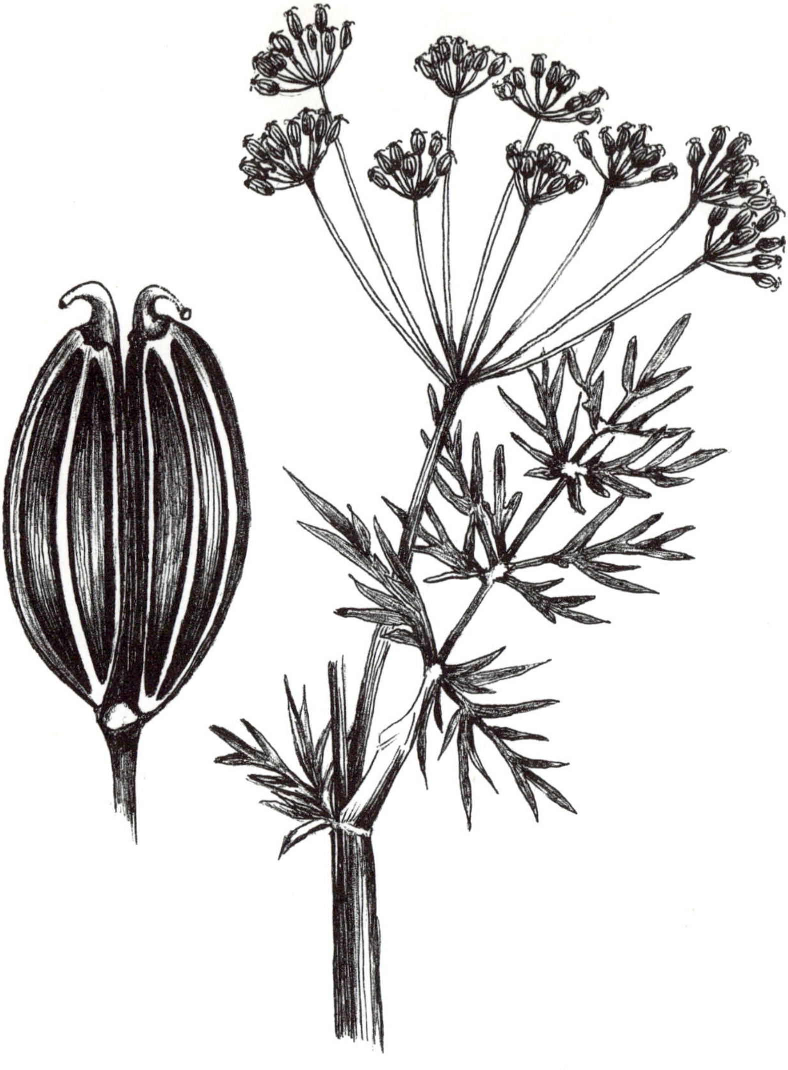

Kümmel, Wiesen- (Carum carvi)

jüngeren Wiesenkümmel ein Namensgeber war. Die zweigeteilten, sichelförmigen Kümmelkörner des Wiesenkümmels führten und führen bisweilen zu Verwechslungen mit dem Kreuzkümmel, der jedoch ganz andere Ansprüche an seinen Lebensraum stellt. Der Kreuzkümmel ist einjährig und bevorzugt warme Standorte. Obwohl sich die Früchte der zwei Kümmelsorten äußerlich sehr ähnlich sind, unterscheiden sie sich hinsichtlich Lebensdauer, Aussehen und Duft erheblich voneinander: scharf und eindringlich der Kreuzkümmel, sanft-fruchtig der Wiesenkümmel. Kümmel begleitet den Menschen als Gewürz und Heilmittel seit Urzeiten. Die Wirkungsweise gleicht der des Wiesenkümmels. Bei rheumatischen Schmerzen ist der Kreuzkümmel zu bevorzugen, während Verdauungsprobleme bei Kindern vorzugsweise mit dem sanfteren Wiesenkümmel „verarztet" werden.

CHAKRA: Anahata, FARBE: hellgrün, PLANET: Mars (Widder/Skorpion).

„Es gibt keinen Zwang in der geistigen Welt".
(Aivanhov)

LAVENDEL (Lavandula officinalis)

Gerne beobachte ich diejenigen, die neugierig ein Fläschchen Lavendel öffnen, um vorsichtig den Duft zu testen. Sie verweilen einen Moment, während die ätherischen Duftmoleküle des Lavendel bereits zu wirken beginnen. Bilder von intensiv blau bis violett leuchtenden und stark duftenden Lavendelfeldern in Südfrankreich werden wach und viele erinnern sich an das Interieur der Großmutter. Die meisten sind angenehm überrascht und müssen ihr Vorurteil gegenüber dem üblichen Lavendelduft revidieren.

Lavendel begleitet die Menschen seit ca. 500 vor Christus. Alte Aufzeichnungen umschreiben den sogenannten „Schopf-Lavendel". Die drei wilden Lavendelsorten sowie die aus Kreuzungen entwickelte Hybridpflanze haben ihre Heimat in Frankreich, der Haute-Provence und den französischen Alpen. Lavendelkulturen wurden auch in England angebaut. Es handelte sich um den sogenannten „Mitchum-Lavendel" in der Grafschaft Surrey. Heute kommt der englische Lavendel aus Norfolk. Auch in Japan und Tasmanien gibt es Versuche, Lavendel anzupflanzen. Für die Aromatherapie ist der qualitativ beste Lavendel neben dem nicht mehr angebotenen „wilden Lavendel" der sogenannte „Gebirgslavendel", er wächst ab einer Höhe von ca. 1100 Metern. Auch „Schopf"- und „Speik-Lavendel" sind zwei ursprünglich wildwachsende Sorten. Aus Kreuzungen zwischen dem großen Speik- und dem kleinen wilden

Lavendel ist eine buschig großwachsende Hybridpflanze entstanden, der sogenannte „Super-Lavendel", mit einer enormen Ausbeute an ätherischem Öl, dessen Qualität jedoch deutlich hinter dem Gebirgslavendel zurückbleibt. Immerhin wird mit diesem Hybridöl 90 Prozent des Bedarfs der Schönheitsindustrie abgedeckt.
Lavendel kommt vom lateinischen lavare=waschen. Die Erstversorgung von Wunden mit einer Lavendelverdünnung sowie die Nachbehandlung für eine – oft – narbenfreie Heilung sind ideale Anwendungsgebiete des Lavendel. Während zumeist nur seine stark beruhigenden Eigenschaften bekannt und gepriesen werden und die tief entspannende Wirkung auf unser Nervensystem, heilt Lavendel auch problemlos zerstörtes Gewebe. Der wunderbare Duft der echten Lavendelsorten inspiriert die Komposition verschiedener Pflegemittel, z. B. als Bestandteil von Salben, Cremes, Massageölen, Gesichtswasser etc. Leider ist es für den Käufer inzwischen schwer geworden, aus der Quantität die Qualität zu filtern. Nur 100 Prozent reine, bei Anbau und Destillation kontrollierte Öle haben einen hohen therapeutischen Wert.
Die hier beschriebenen vier Sorten unterscheiden sich nicht nur im Duft deutlich voneinander. Allen gemeinsam ist die beruhigende Wirkung auf Körper und Geist. Nervöse Erscheinungen wie Migräne, Allergien oder innere Unruhe werden durch Lavendel gemildert. Schmerzhafte Stauungen, die bei Rheuma, Verstopfung, Krämpfen, Menstruation, Magenschmerzen etc. auftreten, reagieren auf die beruhigenden Stoffe des Lavendel. In der Wundversorgung ist Lavendel ein Meister. Unverdünnt auf die frische Wunde aufgetragen, wirkt er desinfizierend und fördert den schnellen Heilungsprozeß. Lavendel beruhigt sofort und die Schmerzen lassen nach. In dieser schnellebigen Zeit ist es von besonderer Wichtigkeit, daß schon ein Tropfen unter die Nase getupft, genügt, um augenblicklich Erleichterung zu fühlen. Überspannte Nerven, besonders unangenehm in den Abendstunden, werden behutsam mit Lavendel beruhigt und auf den so lebenswichtigen Schlaf vorbereitet. Lavendel gehört in jede Hausapotheke.

LAVENDEL, wilder oder echter (Lavandula vera)

Bekannte Inhaltsstoffe: Linalylacetat, Linalol. Destillierte Teile: Blühende Pflanze.

Der wilde oder echte Lavendel, wie er häufig auch genannt wird, wächst ab einer Höhe von 1100 Metern, vereinzelt bis zu 1800 Metern in den

Alpen der Haute-Provence. Die kleinste aller Lavendelarten lieferte wertvolles ätherisches Öl. Wilder Lavendel ist an die rauhen Lebensbedingungen in den Bergen perfekt angepaßt. Überflüssige Energie hat er nicht zu verschenken, sein Leben ist im Hier und Jetzt verankert. Wilder Lavendel muß von Hand gepflückt und während der Wachstumsperiode von den ihn umgebenden Pflanzen befreit werden. Seit 1996 ist die Produktion in Verbindung mit den daraus entstehenden hohen Sozialkosten gestoppt worden. Dieses feinste aller Lavendelöle bleibt der Natur künftig vorbehalten. An seinen Platz tritt der „Gebirgslavendel", qualitativ nicht weniger wertvoll und in direkter Nachbarschaft des wilden Lavendels wachsend. Wer seine Liebe zum wilden Lavendel entdeckt hat, der wird bemerken, daß seine Intuition und Inspiration noch bewußter wahrgenommen werden.
Diese Entdeckung erfolgt häufig erst in der zweiten oder reiferen Lebenshälfte, einer Zeit, in der wir uns mit Dingen beschäftigen, die unserem Element entsprechen. Ein Lavendelimpuls aktiviert brachliegendes Potential, Genmaterial und Fähigkeiten, die wir mitbringen, jedoch selten ganz entwickeln.

CHAKRA, FARBE, PLANET: s. Lavendel, Gebirgs-

LAVENDEL, Gebirgs- (Lavandula vera)

Bekannte Inhaltsstoffe: Linalylacetat, Linalol. Destillierte Teile: Blühende Pflanze.

Therapeuten und Lavendelkenner schätzen den Berglavendel als qualitativ ausgezeichneten Nachfolger des wilden Lavendel. Angebaut wird diese ebenfalls kleinwachsende Kulturpflanze in der Umgebung des wilden Lavendel ab 1100 Metern Höhe. Ihr Wachstum wird nicht durch Dünger oder andere Beigaben beeinflußt. Lediglich das Unkraut wird mehrmals gezogen. Nach der Destillation muß das Öl mindestens drei Monate ruhen. Gleich einem guten roten Wein will der Lavendel in der braunen Flasche reifen. Nach dieser Zeit wird er besser und besser und kann bedenkenlos gelagert werden.
Sein ätherisches Öl ist von größter Intensität und feinstem Duft. Wer ihn kennt, wird auf seine wohltätige Wirkung nicht mehr verzichten wollen. Es genügt ein Tropfen, um den vollen Duftgenuß bis ins Innerste zu erleben. Hier wird im wahrsten Sinne der Ätherleib berührt. So lernen wir verstehen, daß Duftmoleküle nur die Überbringer einer Botschaft sein können, die aus einem weitaus höheren Reich stammen. Sie sind lebendige Wesen und warten geduldig, bis wir sie als solche erken-

nen. Sie helfen uns schon lange bei den Lernprozessen auf der Erde, sowohl im Leid wie in der Freude.
Mit unaufdringlicher Gründlichkeit spürt der Lavendel Verspannungen auf, bearbeitet sie sanft und hilft, belastende Gedankenspeicher aufzulösen. Die von chemischen Mitteln verschont gebliebene Pflanze eignet sich deswegen, pur aufgetragen zu werden, ohne Reizungen oder Rötungen auf der Haut zu hinterlassen. Offene Wunden, Verstauchungen, ja sogar Knochenbrüche, nachdem sie chirurgisch versorgt worden sind, verheilen problemlos, je schneller sie mit Gebirgslavendel behandelt werden.

CHAKRA: Manipura-Surya, Anahata, FARBE: hellgrün bis gelb, PLANET: Merkur (Zwillinge/Jungfrau), Jupiter (Schütze/Fische).

LAVENDEL, Schopf- oder Stöchas- (Lavandula stoechas)

Bekannte Inhaltsstoffe: D-Fenchon, Kampfer. Destillierte Teile: Blühende Stengel.

Die kopflastigste der drei Basiskulturen ist der Schopflavendel. Kälte ist ihm ein Lebensfeind, darum wächst er gern in der gemäßigten Mittelmeergegend. Üppig besetzt mit samtenen, weißen Blättern und dunkelpurpurnen Blüten, bedeckt das „Stöchaskraut" die sonst eher karg wirkende Landschaft mit einem prächtigen Blütenteppich. Gelegentlich findet sich auch der Beiname „welscher Kümmel", ein Hinweis auf die einander stark ähnelnde chemische Zusammensetzung. Wie der Wiesenkümmel enthält auch der Schopflavendel bis zu 80 Prozent Ketone. Stark ketonhaltige Düfte sind würziger und schärfer. Der Gebirgslavendel, mit einem Anteil von weniger als 3 Prozent Ketonen, hat darum einen völlig anderen Charakter als der Schopflavendel. Der Schopflavendel ist eine Urart der Lavendelpflanzen, heimisch in Persien, dem Land der Düfte und Wohlgerüche. Schon im 13. Jahrhundert haben Mönche, denen wir heute einige grundlegende Kenntnisse über Heil- und Gewürzkräuter verdanken, Schopflavendel in ihren Gärten angebaut. Der Schopflavendel beugt Entzündungen vor, lindert Prellungen sowie Stoß- und Schockeinwirkungen, wenn er pur als erste Hilfe einmassiert wird. Schopflavendel vertreibt Motten im Schrank, Insekten am Tisch und verströmt gleichzeitig nervenberuhigenden Wohlgeruch. Die Dosierung sollte immer eher zu gering als zu hoch sein. In großen Mengen wirkt dieses hoch ketonhaltige Öl irritierend!

CHAKRA: Visuddha-Ajna, FARBE: blau bis indigo, PLANET: Jupiter (Schütze/Fische), Saturn (Steinbock/Wassermann).

LAVENDEL, Speik- oder breitblättriger (Lavandula spica)

Bekannte Inhaltsstoffe: 1.8 Cineol; Linalol, Kampher. Destillierte Teile: Blühende Pflanze.

Der sogenannte „große Lavendel", ein Busch mit hohen Stengeln und breiten Blättern, kann eine Höhe von bis zu einem Meter erreichen. Er wird auch „Lavande malê", ein männliches Lavendel genannt, im Gegensatz zum wilden Lavendel „Lavande femelle", der als weiblich bezeichnet wird.
Die trockenen, dürren Hänge der französischen Hochebene, bei ca. 800 Meter sind sein Lebensraum. Er wächst büschelweise in langen Reihen, seine Blätter sitzen tief unten am Stiel, sind länglich und verhältnismäßig groß. Er ist kälteempfindlich – im Gegensatz zum Gebirgslavendel –. Der Speiklavendel stammt aus Spanien; mit dem echten Lavendel gekreuzt, erhielten Züchter den sehr ergiebigen Lavandula hybrida (s. a. Super-Lavendel).
Das farblose ätherische Öl hat einen eindeutigen, stark würzigen Lavendel-Geruch, seinen Linalol-Anteil von ungefähr 40 Prozent nicht verbergend. Die rauhe Natur hat ihn abgehärtet, er ist dann auch weniger sanft als der Gebirgslavendel. Messègué schreibt über ihn, daß er ein „gutes Mittel gegen das Gift von Reptilien" sei.
Der Speiklavendel ist nicht so gefragt und wird daher seltener angebaut. Für die Parfümherstellung ist er wegen seines starken Kamphergehalts nicht so gefragt. Ein ganz anderer Aspekt wird bei Gattefosseé, dem Vater der modernen Aromatherapie, hervorgehoben: „Die Verfälschung sogenannten veterinären Speik-Öls (Lavandula latifolia) mit Terpentinöl (einem Terpen, Pinen) ist der Hauptgrund für die allmähliche Aufgabe dieses Produkts trotz seiner früher anerkannten Wirkung. Während die Anwendung von hochreiner Speik-Essenz erwiesenermaßen bei Tieren die Heilung von Wunden sowie neuen Fellwuchs fördert und eine rasche Heilung von Krätze und Tinea (Raupe, nagender Wurm) ermöglicht, verursacht eine Mischung von Speik-Essenz mit Terpentin hingegen Jucken und Ekzeme, ohne die erwünschte Linderung zu schenken".
Eine weitere Empfehlung gibt Philippe Mailhebiau: „Sehr gut hat der Speiklavendel sich auch bei Pilzerkrankungen bewährt (durch Ketone und den aromatischen Alkohol). Äußerlich in Verbindung mit Ormenis

mixta (wilde Kamille) und einem Basisöl, bei Pilzerkrankung an Händen und Füßen, anzuwenden".

CHAKRA: Svadhisthana, FARBE: orange, PLANET: Mars (Widder/Skorpion).

LAVANDIN, LAVANDEL, Super- (Lavandula hybrida)

Bekannte Inhaltsstoffe: Linalylacetat, Linalol, Kampfer. Destillierte Teile: Blüten.

Drei Varianten sind auf dem Markt erhältlich unter den Namen „L. abrial", „L. Super" und „L. Grosso". Diese (sterilen) Hybriden lassen sich ertragreich und in großen Mengen anbauen. Diese Sorten decken bis zu 90 Prozent der Weltproduktion, ein Hauptabnehmer ist die Kosmetikindustrie.
Lavandin wächst in Kulturen in Südostfrankreich. Der Name „Superlavendel" steht auch für die zahlreicheren Blüten. Das Entstehen dieser in Büscheln wachsenden Pflanze hatte die Natur nicht in ihrem Programm, und doch schützt sie die therapeutisch wertvolleren Lavendelsorten vor übermäßiger Ausbeute. Gut aufpassen muß der Lavendeleinkäufer, welche der fünf Sorten er in seinem Korb hat. Häufig wird Lavandin für eine der wertvolleren Verwandten ausgegeben. Der Preis spricht in solchen Fällen für sich.
Wohlgeruch im Haus und in der Wohnung, frisch duftende Wäsche durch Beigabe einiger Tropfen in die Waschmaschine, als Insektenbekämpfer oder als Massageöl; die Wirkung aller Varianten unterscheidet sich deutlich von denen der „wilden" Kulturpflanzen.

CHAKRA: Svadhisthana, Manipura-Surya, FARBE: orange bis gelb, PLANET: Merkur (Zwillinge/Jungfrau), Venus (Stier/Waage).

LEMONGRASS (Cymbopogon citratus)

Bekannte Inhaltsstoffe: Geranial (Neral), Citronellal. Destillierte Teile: Ganze Pflanze (Gras).

Lemongrass ist nicht verwandt mit der Zitrone, es ist ein tropisches Duftgras, das bis zu einem halben Meter hoch wird. Seine langen Halme verbreiten einen stark an Zitronen erinnernden Duft. Das ätherische Lemongrass duftet vielleicht etwas tiefer, etwas schwerer als die frische Zitrone. Außer beim privaten Duftliebhaber in der Aromalampe oder in sogenannten „Duft"-Potpourries wird das ätherische Öl des Lemongrass

hauptsächlich zur industriellen Herstellung von Duftsprays, Putzmitteln und Seifen verwendet. Wer die asiatische Küche kennt, schätzt frisches Lemongrass als schmackhafte Beigabe während des Kochens, das rechtzeitig vor dem Servieren entfernt werden muß.
Jährlich werden dann auch bis zu 2000 Tonnen ätherisches Öl produziert. Diese Menge korrespondiert durchaus mit dem schnellwachsenden und sehr ergiebigen Kraut, das erstmalig sieben Monate nach Aussaat, später bis zu viermal im Jahr geschnitten werden kann. Der Duft des Lemongrass ist stark erfrischend, seine Wirkung überdies antiseptisch, was besonders in Erkältungszeiten von hohem Nutzen ist. Lemongrass als vorbeugendes Mittel verdampfen hilft weitere Keimentwicklung zu verhüten. Menschen mit viel Arbeit und wenig Konzentration sind mit Lemongrass ebenfalls gut beraten. Wer unter Bindegewebsschwäche leidet, kann Lemongrass (Hauptbestandteil des klassischen Bindegewebsöls nach Gümbel) regelmäßig anwenden.

CHAKRA: Anahata, Svadhisthana, FARBE: hellgrün bis orange, PLANET: Mars (Widder/Skorpion), Venus (Stier/Waage).

LORBEER (Laurus nobilis)

Bekannte Inhaltsstoffe: 1.8 Cineol, Sabinen. Destillierte Teile: Blätter, junge Zweige mit Früchten.

Der Lobeerbaum ist einer der ersten Begleiter des Menschen. Zur Kreidezeit waren Lorbeergewächse in ganz Europa heimisch. Durch die Eiszeit in den Süden verdrängt, bevorzugt der kälteempfindliche Lorbeerbaum seither das warme Mittelmeergebiet. Die griechische Antike ist mit dem Lorbeerbaum fest verbunden. Sein Name ist „Daphne", benannt nach der sich dem Gott Apollo widersetzenden Nymphe.
Zu keiner Zeit war der immergrüne, bis zu zehn Meter hohe Lorbeerstrauch unbedeutend. Caesar trug den Lorbeerkranz als Zeichen des Sieges, Universitätsabsolventen sowie Preisträger empfingen ihn als Ehrbezeugung. Die weibliche Pflanze ist an ihren schwarzblauen Beeren erkennbar, während gelbe Blütenstände beide Geschlechter zieren. Die länglich-ovalen Blätter mit gewelltem Rand, die getrocknet jeder kennt, werden als verdauungsanregendes Gewürz weltweit den Speisen zugefügt. Das leicht hellgrüne ätherische Öl, das unvermutet überraschend gut duftet, ist hingegen beinahe unbekannt. Aus den Blättern und den jungen Zweigen wird das ätherische Öl gewonnen. Bemerkenswert sind die Duftdrüsen, die sich beim Lorbeer im Inneren des Blattes befinden.

Lorbeer (Laurus nobilis)

Lorbeer hat einen starken Charakter. In einer Mischung wirkt er leicht vorherrschend, weshalb die Dosierung mit anderen Düften vorsichtig tropfenweise empfohlen wird. Der angenehm würzige, zum Durchatmen einladende Lorbeer paßt gut zu Zitrusfrüchten der edlen Sorte (Petit Grain, Bitterorange etc.). Wer Anlehnung und Unterstützung nötig hat und einen Pfeiler in seinem Leben vermißt, der kann aus dem starken Charakter des Lorbeer Kraft schöpfen. Er beruhigt überspannte Nerven und schafft, gemischt mit Petit Grain edel, Zugang zu verborgenen Energiebrunnen. Auf physischer Ebene ist der Lorbeer ebenfalls voller Tatkraft bei Muskelverspannungen, Zerrungen, Verstauchungen und Prellungen sowie Rheumaschmerzen. Eine Mischung mit Bitterorangenblättern in einem geruchsneutralen Massageöl lindert, häufig wiederholt, die Schmerzen.

CHAKRA: Anahata, Visuddha, FARBE: hellgrün bis blau, PLANET: Sonne (Löwe), Saturn (Steinbock/Wassermann).

MAJORAN (Origanum majorana)

Bekannte Inhaltsstoffe: Terpinen, Terpineol. Destillierte Teile: Blühende Pflanze.

Zu Zeiten, als Viehhaltung in überschaubaren Einheiten betrieben wurde und jeder Bauer nur einige Kühe besaß, galt der Geruch von Kuhmist als gesund. Auf dem Lande kennt man Kuhmistkompressen, die giftige Stoffe aus dem Körper herausziehen. Die Grundstoffe dieser Duftmasse finden sich ebenfalls in Pflanzen, die der Familie der Lippenblütler angehören, zu denen neben Majoran auch Minze, Salbei, Rosmarin, Lavendel und Melisse zählen. Diese „Düfte" vertreiben Krankheitskeime. In der Tat stärkt Majoran die Abwehrkraft gegen bakterielle und toxische Einflüsse.
Majoran ist, da extrem kälteempfindlich, nur in den wärmeren Ländern eine mehrjährige Gewürzpflanze. Aus Asien stammend, hat sich der Majoran inzwischen über den gesamten europäischen Kontinent verteilt. Maurice Mességué schreibt über ihn im Heilkräuter-Lexikon: „Ich empfehle Majoran in erster Linie als Nervenberuhigungsmittel bei Nervosität, Schlaflosigkeit, Herzklopfen und Beklemmungsgefühlen. In zweiter Linie unterstützt der herrlich duftende Majoran den Magen und den Darm. Er wirkt kräftigend, harntreibend und ruft heilsame Schweißausbrüche hervor, wenn der Organismus mit Giftstoffen überfüllt ist."
Das durchsichtige ätherische Öl ist hervorragend geeignet, den Körper

zu entgiften; dem warmen Massageöl einfach regelmäßig ein paar Tropfen zufügen. Als Beigabe zum Gurgelwasser heilt er im Rachenraum Infektionen und ähnliche Mundkrankheiten. Auf psychisch-seelischem Gebiet stärkt der Majoranduft die männlichen Anteile in Mann und Frau; er ist ideal für Männer bis vierzig und Frauen, die sich als zu wenig präsent empfinden. Majoran wird häufig mit Oregano verwechselt, welcher den lateinischen Namen origanum vulgare trägt und auch „wilder Majoran" genannt wird.

CHAKRA: Muladhara, Svadhisthana, FARBE: rot bis orange, PLANET: Mond (Krebs), Merkur (Zwillinge/Jungfrau).

MANDARINE (Citrus reticulata)

Bekannte Inhaltsstoffe: Limonen, Terpinen. Kaltpressung der Schalen.

Sie ist ein Abbild der Sonne auf Erden im Minitaturformat. Sehr lange war der ostasiatische Raum, wo Zitrusbäume bereits im 11. Jahrhundert vor Christus kultiviert wurden, ihre einzige Heimat. Im 19. Jahrhundert endlich kam die Mandarine in den europäischen Süden, wo sie bis heute angebaut wird, u. a. für die Gewinnung der orangefarbenen Essenz, die einen Anteil von ca. 120 Tonnen an einer Gesamtproduktion aller Zitrusöle von 20 000 Tonnen pro Jahr erreicht. Die aus Zitrusfrüchten gewonnene Essenz wird auch Agrumenöl genannt, im Gegensatz zu Ölen, die aus anderen Pflanzenteilen, wie z. B. Blättern (vgl. Clementine Petit Grain), gewonnen werden. Die Essenz der Frucht kann, je nach Reifegrad bzw. Erntezeit, drei verschiedene Farbtöne haben: grün, gelb oder orange.
Der Samen der Mandarine beginnt im Innern zu reifen. Auf junge Menschen und vor allem auch auf unruhige Kinder wirkt die Essenz sanft und beschützend. Ein vergleichbarer Reifeprozeß findet bei Jugendlichen in der Pubertät statt, sie sind dann mit Opposition und Verselbständigung beschäftigt. Die Mandarine vermittelt Ruhe und Unbeschwertheit, sie ist in sorgenvollen Zeiten und in Zeiten, in denen die Nerven übermäßig strapaziert werden, auch für Erwachsene sehr geeignet.

CHAKRA: Svadhisthana, Manipura-Surya, FARBE: orange bis gelb, PLANET: Mond (Krebs), Venus (Stier/Waage).

„Eine Blume ist das Lächeln Gottes.
Ihr Duft zeigt seine verborgene Gegenwart".
(Yogananda)

MELISSE (Melissa officinalis, veritable)

Bekannte Inhaltsstoffe: Caryophyllen, Geranial, Germacren. Destillierte Teile: Blätter, und Stengel.

Die sattgrüne Melisse ist ein Mitglied der Familie der Lippenblütler. Sie ist mehrjährig und im Sommer mit weißblauen, wunderschön anzusehenden Blüten besetzt. Der Duft dieser Essenz ist nur noch Liebe. In seiner Großzügigkeit und Toleranz vermittelt er einen Hauch dieser Idee. Der Name geht zurück auf das griechische Wort für Bienenblatt = melissophyllon. Auch die volkstümliche Bezeichnung „Bienenkraut" verrät die Vorliebe der eifrigen Nektarsammler für diese Heil- und Gewürzpflanze. Nicht selten findet sich in unmittelbarer Nachbarschaft eines Bienenvolkes ein Melissenfeld als „Weide". Aus ihrer Heimat im östlichen Mittelmeergebiet kam die Melisse über Griechenland, Spanien und Italien nach Nordeuropa, wo sie häufig in verwilderter Form anzutreffen ist. Das ätherische Öl der Melisse ist aufgrund der extrem geringen Ausbeute bei der Destillation (ca. 7 Tonnen Pflanzen ergeben 1 kg ätherisches Öl) sehr kostbar und entsprechend teuer. Das breite Angebot als „Melissenöl" bezeichneter Düfte, deren Preis sich dann auch deutlich von der echten Melisse unterscheidet, ist zumeist ein mit anderen Düften vermischtes Öl.
Die jupiterhafte Melisse ist Balsam für die Seele, sie vertreibt energieraubende, negative Gedanken und macht Herz und Geist heiter. Dem Ruhelosen gibt sie Schlaf, dem Gestreßten Entspannung. Die Melisse ist in der Lage, das Gleichgewicht wiederherzustellen und die Gesundheit zu stabilisieren. Paracelsus schrieb: „Unter allen Dingen, die die Erde schuf, ist die Melisse das beste Kraut fürs Herz".

CHAKRA: Visuddha, Anahata, FARBE: blau bis hellgrün, PLANET: Jupiter (Schütze/Fische).

MINZEN

Die prominenten Mitglieder der Lippenblütengewächse werden bis zu einem Meter hoch und vermehren sich durch ihre Ausläufer. Alle Teile der Pflanzen verströmen starken Minzgeruch. Menschen reagieren sehr verschieden auf diese Intensität. Vielen ist die Minze zu stark und zu kühl. Andere atmen tief ein, weil sie spontan an Hustenbonbons und ähnliche Produkte erinnert werden. Die Ursache wird in beiden Fällen der hohe Mentholgehalt des ätherischen Öls sein. Derjenige, dessen

Riechkanäle blockiert oder beeinträchtigt sind, fühlt sich mit diesen Pflanzen auf dem Weg der Besserung. Aus eigener Erfahrung kann ich sagen, daß ein Minzblatt nach Knoblauchgenuß Wunder bewirkt. Sofort verbreitet sich der betäubend wirkende Minzgeschmack, unmißverständlich erklärend, mit wem ich es zu tun habe. Die Minze hat Hunderte von Sorten und Hybriden hervorgebracht. Minzen sind Überlebens- bzw. Anpassungskünstler. Drei der bekanntesten Minzen bzw. deren ätherischen Öle haben wir ausgewählt. Ihre chemischen Wirkstoffe sind die gleichen, deren relative Anteile allerdings unterschiedlich. Für alle Minzen gilt wegen ihres Mentholgehaltes: Immer verdünnt anwenden, pur aufgetragen können sie hautreizend und -irritierend wirken, für Kinder unter 6 Jahren sind Minzen zu stark. Zur Beachtung: Minzöle kühlen beim ersten Kontakt.

MINZE, Acker- (Mentha arvensis)

Bekannte Inhaltsstoffe: Menthol, Menthon. Destillierte Teile: Ganze Pflanze.

Im frühen China, der ursprünglichen Heimat dieser Minze, wird die Ackerminze heute noch an Stelle der grünen und der Pfefferminze verwendet. Von ihrem heilkundlichen Nutzen berichtet erstmalig Mitte des 7. Jahrhunderts ein chinesisches Arzneipflanzenbuch. Im heutigen China zählt die Ackerminze zu den offiziell anerkannten Arzneimitteln. Sie wird inzwischen weltweit angebaut. Mit einem Gehalt von bis zu 2 Prozent ätherischem Öl, davon bis zu 90 Prozent Menthol, ist die Ackerminze die wichtigste Quelle zur Gewinnung des natürlichen Menthols.
Dieser hohe Mentholanteil macht sie zu einem idealen Keimtöter, einer Art „Luftreiniger" für alle Orte mit viel Publikumsverkehr. Mit dem unverdünnten Öl in Kontakt gekommene Schleimhäute reagieren aber gereizt. Die Chinesen gebrauchen die Pflanze in vielerlei Formen und Mixturen bei Erkältungs- und Grippebeschwerden, Ausschlägen, äußerlichen Entzündungen und vielem mehr. Steht die Ackerminze einmal nicht zur Verfügung, verwendet man die Pfefferminze, die der Ackerminze in ihrem Aufbau ähnlicher ist als die stark karvonhaltige grüne Minze.

CHAKRA: Muladhara, Svadhisthana, FARBE: rot bis orange, PLANET: Jupiter (Schütze/Fische), Mars (Widder/Skorpion).

MINZE, grün (Mentha spicata/viridis)

Bekannte Inhaltsstoffe: Carvon, Limonen. Destillierte Teile: Blätter.

Im Gegensatz zur Acker- und Pfefferminze hat die grüne Minze ungestielte Blätter. Sie wird im amerikanischen auch „Spearmint" genannt, tatsächlich duftet sie wie der bekannte grüne Kaugummi, der ihr Aroma enthält. Die grüne Minze besteht bis zu 70 Prozent aus Carvon, einem Keton, das in hohen Dosen mit Vorsicht und ausschließlich äußerlich zu gebrauchen ist. Kinder müssen von diesem schmackhaft duftenden Fläschchen ferngehalten werden.
Reine Frische ausstrahlend, sorgt sie für spritzige Ideen und einen kühlen Kopf. Die Wirkstoffe der grünen Minze heilen in kleinen Dosen, mit einem fetten Öl gemischt, Hautparasiten und Blutergüsse. Auch bei Grippe und Bronchialkatarrh kann dieses gemischte Öl eingerieben werden. Die Kosmetik- und Lebensmittelindustrie verwendet sie als Geschmacks- und Duftstoff.
Ein einfach herzustellendes Mundwasser, in ein Glas warmes Wasser ein Tropfen grüne Minze, gibt Frische und schützt die Mundflora. Gleichzeitig lösen sich Luftansammlungen aus dem oberen Verdauungsbereich.

CHAKRA: Visuddha, Ajna, FARBE: blau bis indigo, PLANET: Venus (Stier/Waage).

PFEFFERMINZE, var. Franco-Mitcham (Mentha piperita)

Bekannte Inhaltsstoffe: Menthol, Menthon. Destillierte Teile: Ganze Pflanze.

Dies ist die berühmteste Minze und ihr Geruch ist auch der typischste aller Minzen, die Pfefferminze. Der Beiname „Var. Franco-Mitcham" verrät englische Herkunft und südfranzösisches Anbaugebiet, eine besonders feine Minze. Ende des 16. Jahrhunderts in England entdeckt, wurde die Minze, wie sie meist nur genannt wird, in Japan und China schon vor Christus kultiviert. Aus Mitchum, gelegen in Surrey, England, hat sie sich schnell über den ganzen Erdball verbreitet. Der Duft der Pfefferminze übertönt durchweg die Anwesenheit anderer Gerüche.
Die Pfefferminze hat bis zu 40 Prozent Menthol (Wert der var. Franco-Mitcham), was sie energiereich und feurig macht, obwohl sie eine kühlende Frische ausstrahlt. Unverdünnt sollte sie nie auf die Haut gegeben werden. Nach betäubender Kälte beginnt sie zu brennen und schließlich kann es zu Hautreizungen kommen. Manchmal (eine Frage der Dosie-

rung) ist es auch umgekehrt. Kinder sollten auch von dieser Minzsorte ferngehalten werden. Sie ist etwas für Erwachsene, die sie gezielt bei Entzündungen (äußerlich), Kopfschmerzen sowie Reinigungsprozessen anwendet. Am wirksamsten finde ich die Anwendung als schmerzstillendes Massageöl oder mit höchstens einem Tropfen in der Duftlampe.

CHAKRA: Svadhisthana, FARBE: orange, PLANET: Merkur (Zwillinge/Jungfrau).

MUSKATELLERSALBEI (Salvia sclarea)

Bekannte Inhaltsstoffe: Linalylacetat, Linalol, Sclareol. Destillierte Teile: Ganze Pflanze.

Hier stellt sich ein weiteres Mitglied der meist aromatisch duftenden Lippenblütler vor, die große, farbenprächtige Verwandte des Salbei, der Muskatellersalbei. Der vierkantige Stengel ist neben den wie kleine Münder aussehenden Blüten ein charakteristisches Merkmal dieser Pflanzenfamilie. Muskatellersalbei wächst buschig hoch, bis zu 1,50 Meter, über und über mit weißblauen Blüten besetzt, die von rosa Blütenblättern und hellgrünen Blättern umgeben sind. Mit seinem Namensvetter Salbei hat er kaum chemische und keinerlei äußere Ähnlichkeit. Im Gegenteil, das ketonfreie ätherische Öl des Muskatellersalbei verströmt einen sedierenden und friedlichen Duft, der zum Innehalten anregt. Für Philippe Mailhebiau hat dieses Öl neben dem der Immortelle einen ausgesprochenen „Mädchencharakter", mit großen Unsicherheiten ausgestattet, einem Übergangsstadium vom Mädchen zur Frau gleich. So betörend der Duft des Muskatellersalbei auch ist, so wankelmütig und verführerisch die Einladung erscheint, sein Geist hat ein festes Ziel. Nicht hinterlistig, eher in Ruhe gereift, tut sich im „Mädchen" die starke Persönlichkeit hervor.
Robert Tisserand: „Nicht alle Frauen mögen diesen Duft, er gehört jedoch zu meinen Lieblingsgerüchen."
Die Salvia sclarea symbolisiert kosmische Liebe, sie schenkt uns ihr teuerstes, ohne etwas zu erwarten. Nach kosmischem Gesetz gibt es keine Leere und es wird, wie ein Wunder, übernacht alles wieder aufgefüllt. Durch sie lernen wir Vertrauen auf etwas, was noch nicht sichtbar ist.
Die Anwendung im psychischen Bereich beginnt bei Unausgeglichenheit und reicht bis zu Depressionen. Muskatellersalbei stärkt die geschwächte bzw. nicht gut entwickelte Mitte, unsere innere Kraftreserve. Muskatellersalbei hat, ähnlich dem Salbei, krampflösende Wir-

kung. Dieses Öl für Frauen ist ein Hilfsmittel, um die Probleme der Wechseljahre und starke Menstruationsbeschwerden zu erleichtern, da sein ätherisches Öl Spuren eines dem Östrogen ähnlichen Stoffes enthält. Sie brauchen dem Massageöl nur ein wenig beizugeben und es regelmäßig einmassieren. Mit anderen Düften läßt sich der anpassungsfähige Muskatellersalbei gut mischen, gerne mit gehaltvollen Düften wie Sandelholz, Jasmin, Salbei, Lavendel, Rose etc.

CHAKRA: Anahata-Surya, Svadhisthana, FARBE: hellgrün, gelb bis orange, PLANET: Mars (Widder/Skorpion), Sonne (Löwe).

MUSKATNUSS (Myristica fragrans)

Bekannte Inhaltsstoffe: Pinen, Sabinen, Myrcen. Destillierte Teile: Getrocknete und geriebene Nuß.

Die große braune Nuß mit ihren weißlichen Adern wird frisch zerrieben und den verschiedensten Speisen zugefügt. Nicht zuviel und doch gerade genug ist eine Frage der Dosierung, auch und gerade bei der Muskatnuß. Ein Zuviel ist giftig, kann zu Wahnvorstellungen führen. Der Europäer kennt die Muskatnuß-Bäume nicht. Sie wachsen – haremsähnlich – zumeist in einer Gruppe, die aus einem männlichen und bis zu zwölf weiblichen Bäumen besteht. Erst im neunten Jahr trägt der Muskatnußbaum ca. 100 der begehrten Früchte. Eine solche Frucht besteht aus dem Samen, der uns bekannten Muskatnuß, sowie den ihn umgebenden rötlichen Samenmantel, der in getrockneter Form „Macis" heißt und ebenfalls sehr begehrt ist. Die Samen werden in Kalkmilch gebadet, um sie vor Insekten zu schützen. Wenn die Bäume das Alter von ca. 30 Jahren erreicht haben, liegt die jährliche Ernte schon bei 3000 bis 4000 Früchten pro Baum, was sich bis in das hohe Alter von ca. 80 Jahren so fortsetzt.
Feuchtwarme, tropische Gebiete sind seine Heimat. Muskatnüsse und deren Samenmantel enthalten bis zu 16 Prozent ätherisches Öl. Durch Wasserdampf-Destillation wird das farblose Öl gewonnen. Die Muskatnuß enthält stark auf die Psyche wirkende Substanzen. Vorsicht ist darum in der Konzentration geboten. Eine halluzinogene Wirkung wird der Muskatnuß nachgesagt, die Hindus dokumentierten sie als „narkotische Frucht". Es heißt, sie könne Geisteskrankheiten heilen. Für den Hausgebrauch sind solche Versuche allerdings nicht gedacht. In Massage-Öl verdünnt, ist Muskatnuß hilfreich bei Rheuma und Muskelschmerzen aller Art. Im Wohnzimmer schaffen bereits drei Tropfen des

ätherischen Öls in der Duftlampe eine gemütliche winterliche Atmosphäre.

CHAKRA: Svadhisthana, FARBE: orange, PLANET: Saturn (Steinbock/Wassermann).

MYRRHE (Commiphora myrrha)

Bekannte Inhaltsstoffe: Furanoeuderma-1.3-dien, Kurceren, Limonen. Destillierte Teile: Harze.

Die drei Weisen aus dem Morgenland brachten zur Geburt Jesu Gastgeschenke von außerordentlichem Wert: Gold, Weihrauch und Myrrhe. So steht es in der Bibel. Die Zubereitung von Salben und Körperölen hatte eine wichtige soziale Funktion, die Zutaten waren nur hochgestellten Persönlichkeiten zugänglich. Die balsamischen Eigenschaften der Myrrhe machten sie so wertvoll. In Tempeln und anderen heiligen Stätten wurde das Harz der Myrrhe und des Weihrauchs (zwei gleichgesinnte Pflanzenseelen) geräuchert, um die bösen Geister zu vertreiben und die guten Begleiter gebührend zu empfangen. Ursprünglich brachten Händler die Myrrhe aus Indien nach Babylon, dem wohl wichtigsten Handelszentrum der Antike. 1482 vor Christus entsandte die Pharaonin Hatschepsut Handelsschiffe, um Myrrhe- und Weihrauchpflanzen (die unzertrennlichen) nach Ägypten zu holen. Die Gewinnung und Zubereitung der so kostbaren harzhaltigen Salben und Öle variierte je nach Kultur und Wissensstand. Die antike und biblische Myrrhe war Göttern und Königen vorbehalten. In China wurde sie schon früh als Schmerzmittel bei Verwundungen und Verstauchungen gebraucht. Myrrhe ist heutzutage als Heil- und Duftmittel ein wenig in Vergessenheit geraten.
Das ätherische Öl, das aus dem Harz von knorrig wachsenden, bis zu 3 Meter hohen Bäumen destilliert wird, enthält alles, was ein meditierender Geist benötigt. Es gibt mehrere commiphora-Arten, die aus ganz unterschiedlichen Gegenden stammen. Aus Somalia, einem der großen Myrrhe-Anbaugebiete, kommt hochwertige Qualität. Inzwischen ist das Myrrhe-Öl jedem zugänglich; einem Gesichtswasser oder -Öl beigefügt, versorgt sie Hautinfektionen und glättet Falten. Als Beigabe von Wundmitteln wirkt Myrrhe schmerzlindernd. Liebevoll schenkt sie uns ihren Duft, dringt unbemerkt in unsere gestreßten Gehirne ein und beruhigt angespannte Nerven.

CHAKRA: Anahata, Visuddha, FARBE: hellgrün bis blau, PLANET: Merkur (Zwillinge/Jungfrau), Mars (Widder/Skorpion).

MYRTE, rote (Myrtus communis)

Bekannte Inhaltsstoffe: Pinen, 1.8 Cineol, Myrtenylacetat. Destillierte Teile: Zweige.

Ebenso geschichtsträchtig wie die vorher beschriebene Myrrhe ist auch die Myrte, Begleiter der ältesten Kulturen! Die Griechen schrieben ihr Unsterblichkeit zu, die ägyptischen Frauen trugen die Blätter der Myrte, dekorativ zu einem Kranz geformt, als Zeichen ihrer Unschuld. Die kampflustigen Römer hingegen stellten einen Myrtenzweig nur dann zur Schau, wenn eine Schlacht unblutig verlaufen war. Der immergrüne Myrtenstrauch wird bis zu drei Meter hoch. Im Mittelmeerraum heimisch, wächst sie wild überall, wo genug Schatten Schutz bietet. In nördlichen Regionen würde die Myrte den frostreichen Winter nicht überstehen. Wohl wegen ihrer hübschen, fünfblättrigen weißen Blüten und einem quirlenden Büschel Staubgefäße in der Mitte findet man Myrte mehr und mehr als dekorative Kübelpflanze. Im Sommer sorgen in Fenster- oder Terassennähe aufgestellte Myrtepflanzen durch den ausströmenden Blätter- und Blütenduft für deutlich weniger Insekten.
Das im Licht durchscheinende Blatt gibt die ölhaltigen Drüsen preis, sie enthalten bis zu 0,3 Prozent ätherisches Öl. Die rote oder auch gemeine Myrte wird in Spanien, Korsika, Frankreich, Nordafrika und auch Marokko angebaut. Außer der aus Marokko stammenden roten Myrte variiert die Myrte aus anderen Anbaugebieten in Farbe und Bestandteilen. Ein im Frühling destilliertes Öl ist hellblau, reich an Myrtenylacetat, einem ausgleichend und krampflösend wirkenden Ester. Die im Herbst destillierte Myrte ist hell türkisblau und fast myrtenylacetatfrei. In Kombination mit dem feinen Berg-Lavendel erhält man ein entspannend wirkendes Atmosphärenöl.

CHAKRA: Muladhara, Svadhisthana, Anahata, Visuddha, FARBE: rot, orange, hellgrün bis blau, PLANET: Jupiter (Schütze/Fische).

MYRTE, grüne (Myrtus communis)

Bekannte Inhaltsstoffe: Pinen, 1.8 Cineol, Geranylacetat. Destillierte Teile: Zweige.

Das ätherische Öl der grünen Myrte ist seltener und auch sehr viel teurer als das der roten Myrte (auch Gemeine Myrte genannt). Nehemia, der das ehrenvolle Amt eines Mundschenks am Hofe des persischen Königs Artaxerxes (465 bis 425 v. Ch.) hatte, erwähnt: „Da ließen sie es

kundtun und ausrufen in allen ihren Städten und in Jerusalem und sagen: Geht hinaus auf die Berge und holt Ölzweige, Balsamzweige, Myrtenzweige und Zweige von Laubbäumen, daß man Laubhütten mache, wie es geschrieben steht.“ Damals war der Mensch innig mit der Natur und ihren Schätzen verbunden. Er verstand es, die Signaturen der Pflanzen zu lesen, denn Intuition und hellsichtige Gaben waren noch nicht verkümmert.
Im Text „Ätherische Öle und Essenzen aus kosmischer Sicht“ weisen wir auf Tatsachen hin, die es jetzt wieder möglich machen, uns mit diesem fast verlorengegangenen Wissen erneut zu beschäftigen.
Grüne Myrte ist vielseitig, während sie bei fortgeschrittener Erkältung und Bronchitis mit einigen Tropfen im erwärmten Massage-Öl einmassiert und eingeatmet wird, regt sie gleichzeitig die Phantasie an. Das Gefühl von Gesundheit stellt sich ein, wenn auch zunächst nur subjektiv. Ebenso wie die rote ist auch die grüne Myrte stark desinfizierend. Ein angenehm erfrischendes Gesichtsöl, das auch gleichzeitig der Faltenbildung vorbeugt, läßt sich mit einem hochwertigen fetten Öl, Jojoba oder Haselnußöl, und grüner Myrtenessenz leicht selbst herstellen.

CHAKRA: Anahata, Visuddha, FARBE: hellgrün bis blau, PLANET: Venus (Stier/Waage), Merkur (Zwillinge/Jungfrau).

„Reichtum wird dann zum Schaden, wenn er nicht
als Gabe Gottes genossen wird“.
(Prediger Salomo)

NARDE, indisch (Nardostachys jatamansi)

Bekannte Inhaltsstoffe: Gurjunen, Valeranon, Valerianol, Nardostachon.
Destillierte Teile: Wurzeln.

Ein tiefer Moment des Friedens, eine Wolke Vergangenheit, Narde jatamansi, die von Menschen des Altertums verehrte Gabe der Natur, war für hochstehende Persönlichkeiten vorbehalten. Auch die Füße Jesu, so die Überlieferung, wurden von Magdalena mit köstlich duftender Narde gesalbt, so daß das ganze Haus voll ward vom Geruch der Salbe.
Unter vielen Kostbarkeiten fand sich 1922 bei der Graböffnung des Tutenchamon (gestorben 1339 vor Christus) gut erhaltene und herrlich duftende Nardensalbe.
Ursprünglich stammt Narde aus dem indischen Himalaya-Gebirge. Für Botaniker ist sie eine interessante Ausnahme, da aus dem Wurzeltrieb nicht nur die Blätter, sondern auch geradewegs die Blüten wachsen, wofür alle anderen Pflanzen einen Zweig benötigen.

Ätherisches Nardenöl wirkt in erster Linie auf die Psyche. Ein Tropfen Narde in warmem Wasser oder in der Duftlampe ist genug, um innerhalb kürzester Zeit das Aroma im Haus in eine Art Tempel der Meditation zu verwandeln. Dioskurides hat die Narde auch auf seine medizinischen Eigenschaften hin untersucht und ihr daraufhin ein ganzes Kapitel in seiner Arzneimittellehre gewidmet. Einmassiert in Verdünnung oder in der Duftlampe, reguliert sie den Herzrhythmus. Hautprobleme, die anzeigen, daß das innere Gleichgewicht (seelische oder ernährungsbedingte Ursache) gestört ist, werden mit verdünntem Nardenöl bestrichen. Das ätherische Öl der Narde ist in der Lage, das Gefühl der Zerschlagenheit in eine angenehme, entspannte Ruhe umzuwandeln. Für Kinder ist Narde sehr geeignet, da sie mild und ungiftig ist. Narde ist etwas Besonderes, sie gehört zu einem Auftank-Wochenende, nach anstrengender Arbeit oder Sitzung beim Therapeuten.

CHAKRA: Anahata, Visuddha, FARBE: hellgrün bis blau, PLANET: Sonne (Löwe), Mond (Krebs).

NIAOULI (Melaleuca quinquenervia)

Bekannte Inhaltsstoffe: 1.8 Cineol, Viridiflorol. Destillierte Teile: Zweige.

Australien ist reich an Melaleuca-Bäumen, zu denen neben Cajeput und Teebaum auch der Niaouli-Baum gehört. Sie alle werden der Familie der Myrtengewächse zugeordnet. Sein Name ist schwierig auszusprechen, seine Erscheinung stattlich, er ist ein bis zu 20 Meter hoher, immergrüner, herrlich duftender Riese. In Neu-Kaledonien heimisch, wächst Niaouli in Australien und Madagaskar. Das ätherische Öl wird aus älteren belaubten Zweigen destilliert. Die Bezeichnung „Gomenolöl" für Niaouli findet man auch häufig.
Niaouli ist ein starkes Mittel gegen Infektionen. Pilz- und Flohbefall, letzteres auch und vor allem bei Haustieren, wird stark eingedämmt. Regelmäßig angewendet verhindert es den Befall. Niaouli ist intensiv, es hat einen sehr extremen Duft, viele finden es regelrecht stinkend, jedoch ist es enorm wirksam. Ein bis drei Tropfen sind genug, um in Verdünnung oder pur (je nach Hauttyp) einmassiert zu werden. Niaouli ist bei Atemwegserkrankungen entzündungshemmend und bei rheumatischen Schmerzen angezeigt. Die Anwendung erfolgt in Verdünnung mit einem Basisöl. Das ätherische Niaouli-Öl ist selten in guter Qualität zu finden.

CHAKRA: Visuddha, FARBE: indigo, PLANET: Uranus (Wassermann).

ORANGE, süß (Citrus aurantium var. dulcis)

Bekannte Inhaltsstoffe: Limonen, Linalol. Kaltpressung der Schale.

Der Bitterorangenbaum (siehe unter „B“) ist Vorläufer der süßen Variante, die nach einigen Anläufen endlich im südlichen Europa heimisch wurde. 1520 brachte ein indischer Vizekönig die süße Orange von China mit nach Portugal. Heutzutage wächst sie weltweit, und fast alle Teile des mittelgroßen Baumes mit seinen hübschen weißen Blüten werden verwendet. Jährlich werden 15000 Tonnen Öl aus den Schalen dieser Variante durch Kaltpressung produziert, die süße Orange ist damit Spitzenreiter aller Zitrusöle. Das setzt eine große Anzahl an Orangenbäumen voraus, da auch die Fruchtentwicklung bis zu einem Jahr dauern kann. Nicht selten pranken Blüten und halbfertige Früchte zur gleichen Zeit an einem Baum. Nicht nur die Kosmetik- und Duftmittelindustrie ist Abnehmer, auch die Pharmazie benutzt die Essenz, um ihre Medikamente mit einem angenehmen Geschmack zu versehen. Mit einem frisch gepreßten Orangensaft ist das Sonntagmorgen-Frühstück vollkommen.
In höchster Konzentration duftet ihr ätherisches Öl lieblich und wirkt schnell erwärmend. Bei Erwachsenen und Kindern gleichermaßen beliebt ist das süßlich duftende Öl. Es scheint, als schaffe sie sich, in der Essenz um ein Vielfaches verstärkt, direkten Zugang zu verschlossenen und unsicheren Naturen. Die ätherische Orange paßt sich, mit anderen Düften gemischt, zwar an, verliert aber nicht ihre Persönlichkeit. Sie ist sehr geeignet, um mit anderen kombiniert eine völlig neue Duftnote zu erzielen. Kinder mögen die sanft beruhigende Orange, darum ist sie auch sehr geeignet in der Duftlampe, im Massage-Öl, oder dem Badewasser zugefügt. Die in der Orange gespeicherte Sonne strahlt Fröhlichkeit aus, für traurige Gemüter eine motivierende Energie. Menschen mit Neigung zu leichten Depressionen finden in der sehr preiswerten Orange einen aufheiternden Begleiter.
Orange mischt sich gut mit Gewürzdüften wie Zimt und Wacholder, aber auch mit Holzdüften wie Sandelholz und Zypresse. Mit letzterer in einem Massage-Öl vermengt, stabilisiert sie schwaches Bindegewebe, die sogenannte Orangenhaut.

CHAKRA: Muladhara, Svadhisthana, FARBE: rot bis orange, PLANET: Mond (Krebs), Merkur (Zwillinge/Jungfrau).

ORIGANO (origanum compactum)

Bekannte Inhaltsstoffe: Carvacrol, Thymol. Destillierte Teile: Blühende Pflanze.

Ein Zitat aus Maurice Mességués „Die Kräuterküche“ scheint mir ein guter Beginn: „Die Kulturpflanze, deren Blüten wie winzige Hopfenknospen aussehen, wird meist als Majoran bezeichnet; bei der Wildpflanze dagegen, deren winzige, eiförmige Blätter in einer Spitze mit einem kleinen Sporn auslaufen, soll es sich um Oregano handeln. Oregano schmeckt angeblich etwas bitterer, unterscheide sie, wer will.“ Die ätherischen Öle hingegen lassen sich einfach und schnell zuordnen.
Das Aroma dieser beiden Gewürz- und Heilpflanzen ist nur für Kenner auseinander zu halten. Einen Schritt näher am Wesen der Pflanze offenbaren sich die typischen Eigenschaften. Ätherisches Oregano ist durch den außergewöhnlich hohen Phenol-Anteil (bis zu 85 Prozent) einzigartig unter den ätherischen Ölen. Carvacrol ist ein energiegeladenes Phenol, zu stark für Kinder und für Erwachsene nur in Ausnahmefällen zu gebrauchen. Das destillierte Öl ist orange bis dunkelrot und verbreitet einen scharfen, würzigen Duft. Majoran hingegen ist durchsichtig klar, mit einem zwar ebenfalls würzigen, jedoch deutlich freundlicheren, blumigeren Duft. Der außergewöhnlich hohe Phenol-Anteil macht es zu einem der wirksamsten Desinfektionsmittel gegen Bakterien, Viren und Pilzerreger. Es muß allerdings immer in sehr hoher Verdünnung in einem fetten Öl verrührt werden, andernfalls können Hautreizungen entstehen. Schwangere Frauen sollten Oregano-Öl aufgrund der menstruationsfördernden Eigenschaften meiden.

CHAKRA: Muladhara, Svadhisthana, FARBE: rot bis orange, PLANET: Sonne (Löwe), Mars (Widder/Skorpion).

PALMAROSA (Cymbopogon martini)

Bekannte Inhaltsstoffe: Geraniol, Linalol. Destillierte Teile: Ganze Pflanze.

Wer in europäischen Breitengraden aufgewachsen ist, hat Mühe, sich duftende Gräser vorzustellen. Das rosenähnlich duftende Gras existiert in zwei Varianten, dem sogenannten Ingwergras (sofia) und dem Palmarosa (motia), das in Indien als Rusagras bekannt ist. Bis kurz nach dem zweiten Weltkrieg waren diese Öle die einzige Quelle für den begehrten Monoterpenalkohol (G. Ohloff).

Die verschiedenen Sorten Duftgräser haben sowohl medizinische als auch kultische Bedeutung. Gräser, aus denen ätherisches Öl destilliert wird, beschränken sich auf eine kleine Anzahl, eines davon ist Palmarosa. Es wächst in tropischen Gebieten und wird bis zu 3 Meter hoch. Zum Zeichen ihrer Reife färben sich die Blüten ohne Blütenblatt rot. Vergleichbare Duftgräser sind Lemongrass und Citronella. Das ätherische Palmarosa erinnert – wie schon der Name sagt – an zartes Rosen-Aroma. Die chemische Analyse ergibt bis zu 80 Prozent Geraniol-Anteil, weshalb Palmarosa als Ersatz oder Beigabe anderer ätherischer Öle, z. B. der teuren Rose, verwendet wird. Palmarosa wirkt gegen Hautpilze und Bakterien, ist ein prima Duft bei innerer Müdigkeit. Es spricht eher die ruhigen, zurückhaltenden Menschen an, diejenigen, die einen sehr sanften Duft suchen.
Dazu gehören auch die auffallend ruhigen Kinder, die mit sich beschäftigt sind und einen feinen Duftimpuls, in diesem Fall mit Wasser verdünnen, fast andächtig in sich aufnehmen. Ein uns bekanntes, leicht geistig behindertes junges Mädchen, war immer sehr still und schaute nur vor sich hin. Als sie das erste mal zu uns kam, rief sie begeistert aus: „Das riecht aber gut“, wobei sie das Wort „riecht“ besonders in die Länge zog. Daraufhin testeten wir mit ihr noch jede Menge Düfte und sie wurde immer munterer und wollte sie dann alle haben.

CHAKRA: Muladhara, Anahata, FARBE: rot bis hellgrün, PLANET: Venus (Stier/Waage), Uranus (Wassermann).

„Die Wandlung erfolgt nur innerlich“.
(indisch)

PATSCHULI (Pogestemon patschouli, Mentha cablin)

Bekannte Inhaltsstoffe: Patchoulol, Bulnesen. Destillierte Teile: Ganze Pflanze.

Das indische „Patchapat“ oder das malaysische „Cablan“ wird bis zu 90 cm hoch und ist in Europa besser bekannt unter dem Namen Patchuli. Die Pflanze stammt ursprünglich aus Malaysia, angebaut und destilliert wird sie nun hauptsächlich in Singapur und China. Seinen typischen Duft kennen viele aus der Teenagerzeit. Erinnerungen werden wach, wenn wir an einem Fläschchen riechen, das 100 Prozent konzentriertes Patchuli enthält. Auf angenehme Weise „muffig“ und irgendwie typisch indisch ist sein Duft. Der charakteristische Patchuliduft findet seine Liebhaber unter den starken, selbstsicheren Naturen, Menschen, denen die „Last“ des Patchuli nicht zu schwer ist.

Die Pflanze dient noch heute indischen Frauen dazu, ihre Wäsche gleichzeitig zu parfümieren und vor Motten zu schützen. Patchuli-Plantagen werden in Fruchtwechselwirtschaft angebaut, da sie den Boden stark ausbeuten. Zwei bis dreimal im Jahr werden die frischen Blätter und Schößlinge geerntet und zumeist dicht bei den Plantagen vor ihrer weiteren Verwendung getrocknet. Anschließend werden sie entweder destilliert oder Potpourries als duftende Trockenblume beigefügt. Die antiseptische Wirkung ist von der Wissenschaft eingehend untersucht und bestätigt worden. Das macht Patchuli so geeignet für alle möglichen Hautprobleme wie Ekzeme, Akne, Allergien, Herpes, Wunden etc., jedoch – schon des intensiven Duftes wegen – immer in hoher Verdünnung. In einem Massage-Öl wird einer der angenehmen Nebeneffekte die dem Patchuli zugeschriebene erotisierende Wirkung sein. Viel Vergnügen!

CHAKRA: Visuddha, FARBE: blau, PLANET: Mond (Krebs), Uranus (Wassermann).

PFEFFER, schwarzer (Piper nigrum)

Bekannte Inhaltsstoffe: Caryophyllin, Humulen. Destillierte Teile: Früchte.

Bereits im Mittelalter war Pfeffer wohlbekannt als Gewürz, sein feines ätherisches Öl dagegen versetzt uns in Erstaunen. Die Pflanze bringt schwarze, weiße oder grüne Körner hervor, wobei das Aroma in gemahlenem Zustand nicht lang erhalten bleibt. Die Einwohner Südwestindiens kennen den Pfeffer schon 4000 Jahre. Von dort ist er um die Welt gegangen und hat sich unersetzbar gemacht. Als Strauch- oder Kletterpflanze wird der Pfeffer in tropischen Ländern angebaut. Kulinarisch und medizinisch haben sowohl weißer als auch schwarzer Pfeffer große Bedeutung. In China ist weißer Pfeffer sogar populärer, schwarzer Pfeffer hat dort den Beinamen „ausländisches Gewürz". Ist die Pfefferpflanze zwei bis drei Jahre alt, bekommt sie erstmals Früchte, dies wiederholt sich, bis sie ca. 18 Jahre alt ist und „ausgedient" hat. Nahezu unbegrenzt haltbar ist das aus den schwarzen Pfefferkörnern destillierte Öl.
1488 wird der Vorgang des Destillierens erstmals schriftlich von Saladin erwähnt. Die ungezählten Anwendungsmöglichkeiten haben den Pfeffer berühmt gemacht. Die feurige Kraft des ätherischen Öls macht sich der antriebsschwache Mensch zu Nutze. Pfeffer schenkt die Messerspitze Extra-Energie. Für Choleriker nicht geeignet, stimuliert der Pfeffer die

Pfeffer, schwarzer (Piper nigrum)

Lebenssäfte. Dazu gehört auch die Verdauung, schwache Harnwege und die Lungen. Seine Intensität verlangt Verdünnung, in der Duftlampe einen Tropfen oder im Massage-Öl zum Einreiben. Wer es kalt hat oder gar unter Kälteschauern leidet, kann sich mit einer solchen Mischung massieren lassen.

CHAKRA: Svadhisthana, Visuddha, FARBE: orange bis blau, PLANET: Merkur (Zwillinge/Jungfrau), Mars (Widder/Skorpion).

„Alles ist damit verbunden, was aus früheren Inkarnationen stammt".
(Aivanhov)

RAVENSARA (Ravensara aromatica, auch Nelkennußbaum genannt)

Bekannte Inhaltsstoffe: 1.8 Cineol, Sabinen. Destillierte Teile: Blätter mit Früchten.

Das eigenartig-rätselhafte Ravensara aus der Familie der Lorbeergewächse ist etwas Seltenes. „Ravina" bedeutet Blatt und „tsara" gut. Ein „gutes Blatt" also, von einem Baum in den madegassischen Regenwäldern, den eine rötliche Rinde ziert. Die Blätter sind tiefgrün, zäh und glänzend, die Blüten ebenfalls grün mit drei Blütenblättern. Es werden drei verschiedene Öle aus verschiedenen Pflanzenteilen destilliert. Bis zu 13 Stunden dauert der Vorgang, an dessen Ende ein äußerst feines, stark duftendes ätherisches Öl steht. Eilige und Unentschlossene verweilen einen Moment, wollen ergründen und einordnen, was selten gelingt. Kindlich leicht und heiter, dem Sternbild der Zwillinge gleich, sagt Ravensara guten Tag, gibt Atemluft und gute Laune. Anatomische Entsprechungen dieses Zeichens sind Schulter, Arme, Hände, Lunge, Bronchien und besonders die Nerven. Zwei Anwendungsweisen bietet Ravensara. Als Beigabe zum Massage-Öl, für die tiefenwirksame Entspannung und Versorgung der Atemorgane oder in der Duftlampe für ein feines Hausaroma. Das starke Anti-Depressivum Ravensara mischt sich gut mit Rosmarin und ein wenig Sassafras zu einem Spezial-Öl, das den schmerzgeplagten Wirbelsäulen neue Kräfte gibt. Wer auf der Suche nach universellen Geheimnissen ist, wird in Ravensara einen nützlichen Wegbegleiter finden.

CHAKRA: Anahata, Manipura-Surya, FARBE: hellgrün bis gelb, PLANET: Uranus (Wassermann), Merkur (Zwillinge/Jungfrau).

„In der Stille entsteht und manifestiert sich die Harmonie, die Schönheit, die wahre Aktivität".
(Aivanhov)

ROSE (Rosa damascena, Rosa centifolia)

Bekannte Inhaltsstoffe: Citronnellol, Geraniol, Nerol. Destillierte Teile: Blüten-Blätter.

Die Welt schwärmt seit Menschengedenken von der Rose als „Königin der Blumen", eine vollkommene Erscheinung im Reich der Pflanzen. Ausgewogen in ihren Proportionen, reich an Farben, ausnahmslos verehrt. In der heutigen Zeit, wo „Rosenzüchter" eine eigene Berufsbezeichnung geworden ist, bedarf es der Differenzierung. Manch ein Strauß wunderbar anmutender Rosen in den herrlichsten Farben läßt die Sinne unbefriedigt und enttäuscht zurückfahren, haben die Züchter doch den Duft vergessen. Glücklicherweise scheinen viele Rosenliebhaber diese Komponente zu vermissen, denn der Trend geht deutlich wieder zur duftenden Rose. Es gibt ca. 250 verschiedene Rosenarten, inklusive der wilden Sorten, weiterhin viele tausend Hybridsorten und Unterarten. Die ältesten, von den Menschen als besonders schützenswert angesehenen Arten sind die Rosa centifolia sowie die therapeutisch wertvollste Damascenarose. Erstere kam vom östlichen Kaukasus und dem Nordosten des Irak nach Persien, wo sie zu großen Ehren gelangte; die Damascena war in Persien bereits heimisch und äußerst wertvoll.
Echtes ätherisches Rosenöl muß teuer sein! Fälschungen werden mit Geranium, Rosenholz und Palmarosa verkauft. Der therapeutische Effekt der Rose ist nur dann vollkommen, wenn sie in reinster Qualität angewendet wird. Der hohe Preis erklärt sich mit dem Verhältnis der Blütenblätter zu der Menge des destillierten Öls. Um einen Liter Rosenöl zu erhalten, benötigt man ca. fünf Tonnen Rosenblätter, wofür ein Pflücker ca. 800 Stunden benötigt. Dieses eine Fläschchen Rosenöl gibt dann Tropfen für Tropfen Energie zurück, beinahe als wolle es die Kosten wieder gutmachen. Liebe ist das Schlüsselwort für die Rose. Sie gibt dem Menschen alles unmittelbar zurück, was er an einem Tag verloren hat. Sie hüllt ihre Benutzer in eine Wolke des Friedens, lehrt tolerant und mitfühlend zu denken. Rosenhaltige Cremes und selbstgemachte Hautöle sind für alle Hauttypen geeignet, besonders für die alternde Haut. Das ist auf die reinigenden und glättenden Eigenschaften, aber auch auf deren einzigartige Sanftheit zurückzuführen. Rosenöl ist balsamisch, wirkt zusammenziehend und entzündungshemmend. Ihr Duft ist ein gutes Hilfsmittel bei Depressionen und schenkt Liebe und Harmonie in unserem täglichen Leben!

CHAKRA: Muladhara, Svadhisthana, FARBE: rot bis orange, PLANET: Venus (Stier/Waage), Mond (Krebs).

ROSENHOLZ (Aniba rosaeodora)

Bekannte Inhaltsstoffe: Linalol, Terpineol. Destillierte Teile: Holz.

Der Name ist irreführend, stammt das ätherische Öl doch nicht vom holzigen Teil der Rose, sondern von der Rinde eines Baumes im Regenwald des Amazonas. Der Baum wird gefällt, seiner Rinde entledigt, in Späne zerkleinert, und mit Hilfe der Wasserdampf-Destillation ein kostbares Öl produziert. Da der Baum aus Wildbeständen stammt, entstehen Probleme ökologischer Art. Der Rosenholz-Baum gehört zu einer (inzwischen) gefährdeten Baumart, die in absehbarer Zeit aussterben wird, wenn die Nachfrage nicht auf andere Weise befriedigt werden kann. So oder so wird es das reine Öl nicht mehr lange geben, ein nicht leicht zu verkraftender Verlust für alle, die Rosenholz kennen. Sein Duft betört die Sinne, schenkt jedem Raum ein besonders angenehmes Aroma und läßt Besucher aufmerken und fragen, was hier denn so gut riecht. Bei psychischer Müdigkeit wirkt Rosenholz stimulierend und terrainstärkend und ist gut für Menschen, die in der Krise ihre Lebensfreude verloren haben. Rosenholz ist wegen seines feinen Dufts und der hautversorgenden Eigenschaften sehr geeignet, einem Massage-Öl hinzugefügt zu werden. Es ist außerdem ein wirksames Antibakterizid, gegen Viren, Pilze und Parasiten gleichermaßen. Zusammen mit Ravensara wirkt Rosenholz lindernd bei depressiven Stimmungen.

CHAKRA: Muladhara, Svadhisthana, FARBE: rot bis orange, PLANET: Merkur (Zwillinge/Jungfrau), Venus (Stier/Waage).

ROSMARIN (Rosmarinus officinalis)

Die Pflanze des europäischen Südens ist mir lieb geworden. Überall begrüßt sie den Menschen mit ihren hübschen kleinen zartrosa Blüten, dunkelgrünen länglichen festen Blättern an hochaufragenden gräulichen Stielen. Es werden drei Rosmarin-Sorten, die eine botanische Art darstellen, aufgrund ihrer unterschiedlichen biochemischen Spezifität voneinander unterschieden. Die Essenzen werden jeweils aus der ganzen Pflanze und den Blüten destilliert. Die drei voneinander sehr verschiedenen ätherischen Öle, wie sie korrekt nach der Destillation heißen, unterscheiden sich auch im Duft deutlich.

Rosmarin ist die Ergänzung zu Lavendel. Während Lavendel die innere Ruhe und Entspannung befördert, ist der fröhliche Rosmarin ein Energiemobilisator und Muntermacher. Rosmarin und Lavendel ergänzen sich, ähnlich wie Sonne und Mond, Yin und Yang. Wer beides in seinem Lebensbereich zuläßt, ist gut versorgt und schnell wieder im Gleichgewicht der Kräfte. Ebenso wie beim Lavendel gibt es auch beim Rosmarin verschieden entwickelte Pflanzen-Charaktere.

Alle Rosmarine: CHAKRA: Svadhisthana, Anahata, FARBE: orange bis hellgrün, PLANET: Sonne (Löwe), Mars (Widder/Skorpion).

ROSMARIN, 1.8 Cineol (Rosmarinus officinalis L.)

Bekannte Inhaltsstoffe: 1.8 Cineol, Pinen, Camphen. Destillierte Teile: Blühende Pflanze.

Wer den typischen Rosmarin sucht und seinen Duft aus den unzähligen Produkten der Schönheitsindustrie kennt, wird den Cineol-Typen favorisieren. Sein ätherisches Öl ist das preisgünstigste und wird am häufigsten angeboten. Der Anteil an 1.8 Cineol ist hoch (ca. 45 bis 55 Prozent), es ist eines der in den ätherischen Ölen am häufigsten vorkommenden Oxyde. Dieses Cineol hat beruhigende und schleimlösende Wirkung auf die Atemwege, ist krampflösend und schmerzlindernd bei Knochen- und Gelenkschmerzen. Rosmarin kann Energien konzentrieren und einer neuen Bestimmung zuführen. Wer müde ist und dennoch arbeiten muß, kann zwei bis drei Tropfen Rosmarin in die Duftlampe geben, dies hilft über den toten Punkt hinweg.
Vergewissern muß man sich des richtigen Rosmarins, denn es bestehen zwischen diesem und dem Verbenon-Rosmarin Unterschiede, die natürlich im therapeutischen Bereich von Wichtigkeit sind. Wem der Rosmarin 1.8 Cineol zu stark ist, dem wird der Verbenon eine andere Welt öffnen.

ROSMARIN, Verbenon (Rosmarinus officinalis L.)

Bekannte Inhaltsstoffe: Bornylacetat, Verbenon, 1.8 Cineol. Destillierte Teile: Blühende Zweige.

Diese Sorte wird auch Busch-Rosmarin genannt, ist jedoch bekannter unter dem Beinamen „Verbenon“, was allerdings nichts über die Menge des enthaltenen Ketons aussagt. Rosmarin Verbenon ist die verfeinerte Variante und kann Skeptiker von der Wirkung eines ätherischen Öls überzeugen. Damit deutet sich sein Einsatzgebiet an, denen etwas Gutes antun zu können, die auf verbalem Wege zeitweise verschlossen sind. Bei Depressionen verschiedenster Ursache, kann dieser unaufdringlich wirkende Verbenon ein erster Lichtstrahl sein. Auch tief verborgene alte Schuldgefühle könnten mit Unterstützung des Verbenon vergeben werden. Feiner Berg-Lavendel, seelenverwandt mit Rosmarin Verbenon, paßt gut dazu. Der Rosmarin gibt die Hoffnung und Lavendel die nötige Klarheit. Schwangere und kleine Kinder sollten den direkten Kontakt meiden, in der Duftlampe ist er kein Problem. Bei quälenden Nebenhöhlenbeschwerden bringt eine Tasse heißes Wasser mit einem Tropfen Rosmarin verbenon wohltuende Erleichterung.

ROSMARIN, Kampher (Rosmarinus officinalis L.)

Bekannte Inhaltsstoffe: Pinen, Campher. Destillierte Teile: Blühende Zweige.

Viel seltener noch als die zwei Vorgänger trifft man den Kampher-Rosmarin. Sein hoher Anteil an Monoterpenen und dem Kampher (27%), mahnt auch zu vorsichtigem Umgang, zur Verwendung ausschließlich in hoher Verdünnung oder tropfenweise in der Duftlampe. Ein Massage-Öl, bestehend aus 20 ml Basisöl und ca. 10 Tropfen Rosmarin, lindert Altersbeschwerden wie Krampfadern, Rheuma und steife Muskeln. Der Kampherrosmarin wird als allgemeines Tonikum bei Nachlassen der Energie im Gehirn, der Nerven, der Muskeln, des Leber-Galle-Systems und des Herzens sehr geschätzt. Generell muß gesagt werden, daß der hohe Kamphergehalt die Anwendung bei Kindern verbietet. Es ist das Öl des älteren Menschen, dessen Zellstruktur sich von der der Jungen unterscheidet. Es ist in der Lage, die Kraftreserven der letzten Lebenszeit zu mobilisieren. Astrologisch wirkt der Planetoid Chiron um das fünfzigste Jahr noch einmal mit einem unerwartet inspirierenden Impuls.

CHAKRA: Visuddha, Sahasrara, FARBE: blau bis violett, PLANET: Uranus (Wassermann).

SALBEI (Salvia officinalis)

Bekannte Inhaltsstoffe: Thujon, Kampfer. Destillierte Teile: Blühende Pflanze.

Als einziger sprengt der angepflanzte Salbei in meinem Kräutergarten die äußeren Grenzen. Trotz ausreichend Platz sucht sich der „König der

Lippenblütler" die angrenzenden Zaunmaschen, um dort hindurchzukrauchen und seine volle Schönheit mit lilafarbenen Blüten und zartgrünen bis hellgrauen ovalförmigen Blättern zu präsentieren.
In der Küche wird seine Würzkraft entweder sehr vorherrschend oder gar nicht gebraucht, ein solches Extrem ist dieses Kraut. So diktiert der Salbei seine Verwendung.
Salbei hat eine weibliche, selbstbewußte und reife Persönlichkeit, die nach allen Krankheitsbildern des Menschen und der Frau im besonderen schaut. Für Frauen mit Problemen während der Wechseljahre ist der etwas verfeinerte DC (Duftkomplex) Salvia ein „Handtaschen-Muß". Bei aufsteigender Hitze schnell einen Tropfen in der Handfläche verreiben und tief einatmen bringt rasch Erleichterung. Das ätherische Salbei-Öl enthält bis zu 55 Prozent Ketone, was im Umgang zur Vorsicht mahnt, in hoher Verdünnung jedoch problemlos äußerlich angewendet werden kann. Vom direkten Kontakt mit dem ätherischen Öl ist Schwangeren und kleinen Kindern abzuraten.
Salbei ist allgemein stimulierend und ein gutes Mittel gegen Viren, Bakterien und Pilzerreger. Als Kompresse angewendet, ist er fiebersenkend und mit Öl zu einem Husten-Einreibe-Balsam vermengt, wirkt er schleimlösend. Die wassermannzeitgemäße Gesundheitsreform (Uranus ist der Planet, u. a. für Reformen), reißt den vernebelnden Schleier hinweg und plötzlich besinnen wir uns auf alte und bewährte Heilmittel der Natur. Salbei als Tee oder als ätherisches Öl wird wieder geschätzt und bewußt angewendet

CHAKRA: Ajna, Svadhisthana, FARBE: indigo bis orange, PLANET: Neptun (Fische).

„Wach sein, Ihr Mönche, ist alles".
(Buddha)

SANDELHOLZ (Santalum album)

Bekannte Inhaltsstoffe: Santalol, Santalen. Destillierte Teile: Holz.

Sandelholz ist der „indischste aller Gerüche". Schon vor über 3000 Jahren war Sandelholz in Indien ein vielgeliebter Duft. Die Ägypter, deren Duftkultur weit entwickelt war, deren einheimische Vegetation aber begrenzt, importierten schon 1700 vor Christus dieses für sie so vielseitig brauchbare Sandelholz aus Indien. Der so sanft klingende Name Sandelholz ist ein Gewächs mit verschiedenen Entwicklungsphasen.
Die ersten ca. 7 Lebensjahre lebt der noch junge Baum als Schmarotzer von anderen Bäumen oder Büschen, bis der Wirt abstirbt und das San-

delholz stark genug ist, um ohne Wirt am leben zu bleiben. Erst ab einer Höhe von ca. 600 Metern wächst der immergrüne Sandelholz-Baum. Anbau und Verkauf werden – Gott sei dank – im Staat Mysore staatlich kontrolliert, denn anders wäre dieser kostbare Baum schon längst ausgestorben. Das Mysore-Sandelholz deckt 90 Prozent des weltweiten Bedarfs, womit eine Vielzahl an sandelholzhaltigen Produkten wie Parfüms, Seifen, Shampoo, etc. hergestellt werden. Ein Baum ist erst mit ca. 50 Jahren „reif", um gefällt zu werden. Der Ertrag ist dann allerdings reichlich; bis zu 200 Liter des begehrten, synthetisch bis zum heutigen Tage nicht produzierbaren ätherischen Öls wird aus nur einem Baum gewonnen. Die enorme Wartezeit ist der Bäume Schicksal, denn so manche Pflanzung wird von Wilderern lange vor der Reifezeit geschlagen. Der Schaden ist enorm. Darum raten viele Aromatherapeuten dazu, Sandelholz nur in geringen Mengen zu gebrauchen. Es fällt schwer, denn Sandelholz ist einer der angenehmsten, tiefsinnigsten und ruhigsten Holzdüfte, die es gibt. Ein Holzduft, der sich anbietet, mit Blumendüften wie z. B. Ylang-Ylang oder Zitrusfrüchten wie Bergamotte etc. kombiniert zu werden. Mit ätherischem Sandelholz ist auch im Handumdrehen in einer Verdünnung von 1:100 ein herrlich-intensiv duftendes Parfum hergestellt. In der Duftlampe oder im Massage-Öl kommt das tief ruhegebende Sandelholz zu seiner vollen Geltung. Am besten eignet sich die Sandelholzenergie für Menschen, die zu wenig Erdung haben, von einem Traum gehetzt zum anderen stolpern, ohne die nötige Ruhe in sich zu fühlen.
Sandelholz ist nach jüngsten Meldungen aus Indien, sehr teuer und knapp geworden. Auch alte Bäume wie der Sandelholzbaum brauchen ihre Regenerationszeit, vielleicht auch, um uns zu zeigen, wie wertvoll sie wirklich sind.

CHAKRA: Sahasrara, FARBE: violett, PLANET: Uranus (Wassermann).

SASSAFRAS (Sassafras albidum)

Bekannte Inhaltsstoffe: Safrol, Cadinen. Destillierte Teile: Wurzelholz und Rinde.

Dieses besondere Mitglied der Lorbeergewächse mit dem seltsamen Namen Sassafras stammt ursprünglich aus dem südlichen Teil Nordamerikas. Die Spanier entdeckten die kleinwüchsige Variante dort um 1538. Die stattliche Höhe von bis zu 30 Metern erreicht der Sassafras mit seinem auffallend hellgrünen Laub nur in Südamerika. Aus Wurzelholz und

Rinde wird das – nicht immer unumstrittene – ätherische Öl destilliert. Der hohe Safrol-Anteil war in den USA zeitweise Grund, ein Destillations- und Verkaufsverbot zu erlassen, da das Safrol, ein aromatisches Oxyd, als krebserzeugend galt. Es hat sich jedoch inzwischen herausgestellt, daß sich die damaligen Tierversuche nicht auf den Menschen übertragen lassen, da der Mensch im Gegensatz zur Ratte über das sogenannte Leber-Enzym-System verfügt, welches Mutationen verhindert (lt. P. Franchomme, D. Pénoel).
Lange Zeit kam das ätherische Öl des Sassafras aus Brasilien. Es wurde aus einem anderen Baum mit dem lateinischen Namen Ocotea pretiosa Nees destilliert, das aber in Qualität und Gebrauch mit dem Öl des Sassafras albidum nicht vergleichbar ist. Zu Beginn des 16. Jahrhunderts wurde der Sassafras in Gewächshäusern in England angebaut. Im späten 17. Jahrhundert galt Sassafras als wichtiger Baustein für allerlei stärkende, Gelenk- und Knochen versorgende Mixturen. Bekannt ist Sassafras heutzutage u. a. als Mittel zur Raucherentwöhnung. Er gehört zu den vier schweißtreibenden Holzarten, die ihn in der Tat sehr geeignet machen für Staukrankheiten wie Rheuma, Gicht etc. In einer Mischung mit Teebaum und Wasser versprüht, hilft er gegen Haus- und Tierparasiten. Der Duft aus der Lampe wirkt anregend und erfrischend.
Im Sommer, während der Wespentage, hilft Sassafras, verdünnt in einer Sprühflasche, diese Quälgeister fernzuhalten. Man verdünnt auf 1 Liter Wasser etwa 10 bis 15 Tropfen Sassafrasessenz. Vorsicht ist geraten, wenn Kinder in der Nähe sind.

CHAKRA: Muladhara, Ajna, FARBE: rot, indigo, PLANET: Saturn (Steinbock/Wassermann), Uranus (Wassermann).

SCHAFGARBE (Achillea millefolium)

Bekannte Inhaltsstoffe: Pinen, Nerolidol, Germacren. Destillierte Teile: Blühende Pflanze.

Die Schafgarbe ist ein bescheidenes Blümchen am Wegesrand. Sie wächst mit Vorliebe dort, wo der Mensch meist achtlos vorüberzieht. Den Namen „Tausendblatt" (= Millefolium) verdankt sie ihren vielfach gefiederten Blättern, die volkstümliche Bezeichnung „Blutkraut" oder „Blutstillkraut" gibt einen Hinweis auf ihre möglichen Anwendungsbereiche. Zuweilen findet sich auch der auf dem Schlachtfeld erworbene Beiname „Soldatenkraut". Die Schafgarbe war nicht selten wegen ihrer direkten Verfügbarkeit eine erste Hilfe bei Kriegsverletzungen. Eine

ihrer populärsten Verwandten ist die Kamille, mit der sie den Chamazulen-Anteil und dadurch die blaue Färbung gemein hat. Chamazulene sind mehrfach ungesättigte Sesquiterpene, die stark entzündungshemmend wirken.
Die Schafgarbe ist ein uraltes Heilkraut bei verschiedenen Problemen: Blutansammlungen wie Hämorrhoiden, Krampfadern oder Frauenleiden, Wasseransammlungen und Wärmestauungen wie Rheuma und Gicht sowie bei den meisten Hautproblemen wie Ekzemen, Geschwüren, Akne u. v. m. Ein verdampfter Tropfen hinterläßt angenehm herben Blumenduft. Das essentielle, um ein Vielfaches konzentrierte ätherische Öl fragt nach Verdünnung mit geruchlosem, hautfreundlichem Massage-Öl. Das Schafgarbenöl ist nicht für den alltäglichen Hausgebrauch gedacht, denn es hat tiefergehende psychische Eigenschaften, die im Akutfall Störungen abwenden können. Die Essenz ist sehr teuer, wirkt aber enorm mit weniger als einem Tropfen, der bewußt und erlösend eingeatmet werden muß. Ältere Menschen, die geistig rege sind, denen es aber schon an physischer Energie mangelt, erhalten einen Aufladeimpuls. Je mehr wir uns angewöhnen, die Gesamtmenge der zur Verfügung stehenden Energie nur für das Heute einzusetzen, desto jünger und ballastärmer fühlen wir uns.

CHAKRA: Ajna, Manipura-Surya, FARBE: indigo, PLANET: Jupiter (Schütze/Fische).

TEEBAUM (Melaleuca alternifolia)

Bekannte Inhaltsstoffe: Terpineol, Terpinen. Destillierte Teile: Blätter und Zweige.

Inzwischen ist Teebaum „in aller Munde", ungiftig und schnell heilend, hat er sich zu einem Marktrenner entwickelt. Viele Bücher gibt es über Teebaum und die mit ihm verwandten Melaleukavarianten Cajeput und Niaouli (siehe dort). Einige Details sollen hier noch einmal in Erinnerung gerufen werden.
Der fern von Europa in subtropischen Küstenregionen Australiens wachsende Teebaum verdankt seinen ersten Kontakt mit der westlichen Welt den Seefahrern um James Cook (Ende des 18. Jahrhunderts). Die Seemänner bereiteten sich aus den Blättern des Teebaums einen aromatischen Tee, von dessen Schmackhaftigkeit sie in Europa berichteten. Mit der Teepflanze hat dieser bis zu 30 Meter hohe Baum allerdings nichts zu tun. Die Fähigkeit, Wunden tief zu reinigen, zu desinfizieren und somit schnell zu heilen, sowie seine beruhigende Wirkung bei Atem-

wegserkrankungen machten sich bereits die australischen Aborigines zunutze. Sie konnten zwar noch keinen Gebrauch von dem erstmals 1925 destillierten ätherischen Öl machen, hatten aber eine Technik gefunden, die heilenden Kräfte aus den mehrere Stunden in Wasser eingelegten Blättern zu gewinnen. Der Teebaum war ein Allheilmittel, eine Art „Aspirin". Nun kamen auch die australischen Wissenschaftler nicht mehr um die Eigenschaften des vielgepriesenen Teebaums herum. Es wurden zahlreiche Untersuchungen der Allgemein- und Zahnmedizin dokumentiert. Bevor das „radikale" Penicillin den Teebaum nahezu verdrängte, waren die Soldaten des zweiten Weltkrieges mit Teebaum ausgerüstet, um schnell erste Hilfe bei der Hand zu haben. Vor ein paar Jahren wurde der Teebaum und seine vielen Anwendungsgebiete „wiederentdeckt". Das als „Teebaumöl" angebotene Heilöl enthält ein Minimum an 100 Prozent ätherischem Teebaum. Schwierig ist, in dieser Verdünnung zu kontrollieren, welcher Teebaum in welcher Qualität verwendet wurde.
Wer wirklich freie Hand mit dem ungiftigen Teebaum haben möchte, sollte sich das reine ätherische Teebaum kaufen, Tropfen für Tropfen wirksame Flüssigkeit. Die Dosierung bzw. Verdünnung ist eine Kunst; unsachgemäße Verdünnungen haben keine schädlichen Folgen, können jedoch zu Hautreizungen bzw. zur evtl. Unwirksamkeit führen. Man beginne mit einem Basisöl und füge tropfenweise Teebaum hinzu.
Teebaum ist ein starkes Wesen, es zu beherrschen wird zu einem Meisterstück. Jeder Hauttyp reagiert verschieden. Erfahrung beinhaltet nicht nur die rechte Dosierung, sondern auch das Einschätzen des Hauttyps, bzw. des gesamten Menschen. Sehr hilfreich ist eine Flasche Teebaum in der Hausapotheke. Wunden können unmittelbar versorgt werden und eventuell eingedrungener Schmutz wird hinausbefördert. Die Aborigines von New South Wales verwendeten die zerkleinerten Blätter und daraus gewonnene Aufgüsse, um Wunden, Hautirritationen, Entzündungen im Mund- und Rachenbereich, Läuse- und Parasitenbefall, Husten und andere Erkältungssymptome zu heilen – und das nach mündlichen Überlieferungen bereits seit vielen Jahrtausenden! Warum nicht auch wir?

CHAKRA: Muladhara, Svadhisthana, FARBE: rot bis orange, PLANET: Mars (Widder/Skorpion).

THUJA oder LEBENSBAUM (Thuja occidentalis)

Bekannte Inhaltsstoffe: Ketone: Thujon, Fenchon. Destillierte Teile: Junge Zweige.

Der abendländische Lebensbaum stammt ursprünglich aus Nord-Amerika. Im frühen 16. Jahrhundert gelangte er nach Frankreich, 1576 wurde dieses immergrüne Nadelgehölz bereits in Holland aufgeführt. Als Ziergehölz – und dank Samuel Hahnemann (1755 bis 1843) – fand er schnell seinen Weg in die europäischen Gärten. Zwei deutsche Ärzte dokumentierten erstmals 1875 die heilenden Kräfte des Thuja occidentalis, besonders bei Hautproblemen und Tumoren. Das ätherische Thuja-Öl ist von starker Wirkung. Ein Bekannter bestrich eine Warzengeschwulst, welche er von Geburt an am Augenlid hatte, mit Thuja, worauf sie innerhalb von zwei Tagen abfiel. Homöopathische Thuja-Kügelchen unterstützten diese Wirkung wahrscheinlich nicht unerheblich. Jean Valnet empfiehlt Thuja unter der Rubrik „äußerliche Anwendungstips" auch gegen Rheuma und Krebs.
Dem Eukalyptus gleich, liebt der Lebensbaum feuchte Lebensräume, was zugleich ein Hinweis auf eine bestimmte Kapazität als Wasserspeicher ist. Die Anwendung bei Rheuma in Form von warmen Umschlägen haben schon die Ureinwohner Amerikas praktiziert. Schmerzende Muskeln und Gelenke können ebenfalls mit Thuja-Verdünnung eingerieben werden. Wer mit Thuja umgeht, muß wissen: Es ist ein „Lebens"baum, der giftig ist! Deshalb ist Thuja nichts für Kinder und schwangere Frauen. Sein Öl sollte nur äußerlich und in hoher Verdünnung angewendet werden. Die Begleitung eines Therapeuten wird empfohlen.

CHAKRA: Visuddha, Ajna, FARBE: blau bis indigo, PLANET: Uranus (Wassermann), Jupiter (Schütze/Fische).

THYMIAN vulgaris (Thymian geraniol)

Bekannte Inhaltsstoffe: Geraniol, Geranyl-Azetat. Destillierte Teile: Blühende Pflanze.

Diese Thymianvariante wird auch „gelber oder milder Thymian" genannt, weil sein ätherisches Öl nicht aggressiv ist und keine Oxydation im Destillierkessel hevorruft, wie z. B. der rote oder ätzende Thymian (siehe dort). Der Geranioltyp ist milde und wird jetzt auch, neben anderen ätherischen Ölen, für Soldaten angewendet, die während ihrer Militärzeit krank wurden. In Frankreich ist es ganz normal, daß in Kliniken und Krankenhäusern die reinigenden und besonders Infektionen vorbeugenden ätherischen Öle täglich zur Anwendung kommen. Dort werden sie hauptsächlich per Diffuseur, einem elektrisch betriebenen Motor mit Glaszylinder, ohne Wasserzusatz feinst zerstäubt, ohne die

Duftmoleküle zu zerstören. Das ätherische Öl wird dabei nicht erhitzt, wodurch es seine volle Wirkkraft entfaltet. Es genügt, den Diffuseur täglich 10 bis 15 Minuten anzustellen, um eine angenehm duftende Raumatmosphäre zu schaffen.
Zur Inhalation eignen sich die milden Thymianarten vorzüglich, man braucht ein bis zwei Tropfen auf eine kleine Schüssel oder Tasse heißes Wasser. Damit leisten wir einen vorbeugenden und meist lindernden Beitrag für unsere Gesundheit. Als lieblichduftendes Öl geben wir es Patienten mit Atemwegsbeschwerden, und sie fühlen sich nicht nur physisch, sondern auch psychisch schnell besser. Kinder mit schwachen Bronchien erhalten eine zarte Einreibung mit einem Massage-Öl, das aus Mandel- oder Jojobaöl und einigen Tropfen Thymian geraniol besteht.

CHAKRA: Muladhara, Svadhisthana, FARBE: gelborange, PLANET: Mond (Krebs).

THYMIAN, Garten- (Thymus vulgaris, thymol)

Bekannte Inhaltsstoffe: Thymol, Terpinen, Cymen. Destillierte Teile: Blühende Pflanze.

Der sogenannte „echte oder rote Thymian", häufig auch Gartenthymian genannt, ist wie viele dieser kleinen, robusten Pflanzen ein Mitglied der Familie der Lippenblütler. Rodolphe Balz, ein erfahrener Anbauer (kbA) in der Provence: „Die Thymiane des Phenol-Chemotyps (Thymol, Carvacrol), die „starke Thymiane" genannt werden, oder von den Destillateuren wegen des Thymols „rote Thymiane", denn das ätherische Öl hat eine ätzende Wirkung; es färbt die gelbe Farbe des ätherischen Öls rot und läßt das eisenhaltige Metall (Mars) des Destillierkessels oxydieren".
Ganz im Gegenteil zum Basilikum, der besondere Pflege benötigt, um vom Keim zur Pflanze zu gedeihen, kennt der Thymian keine widrigen Umstände, zumindest solange der Mensch nicht eingreift und ihn zu kurz schneidet. Jahr um Jahr sprießen unverdrossen seine kleinen, dunkelgrünen, leicht eingerollten Blätter. Diese enthalten – ebenso wie die zartrosa bis tief lilafarbenen Blüten – die wertvollen Duftstoffe. In beinahe jedem Kräutergarten oder auf der Fensterbank trifft man den „vulgaris" (= überall zu finden).
Der rote Thymian liebt die Auseinandersetzung und den intellektuellen Kampf. Er gibt kräftigende Impulse dort, wo das Körperliche zu kurz kommt. Er vermag, über die geistige Brücke, Gefühle anzuregen und anzunehmen. Er macht keine Kompromisse, wenn es darum geht, Har-

monie und Einfachheit in Einklang zu bringen. Er mag keine Schnörkel. Er will funktionieren mit den zur Verfügung stehenden Mitteln. Sein Duft überrascht dennoch und öffnet die feinsten Kanäle, die zur Sensibilisierung eines Menschen gehören. Es ist bekannt, daß sich seine Duftqualität erhöht, je südlicher er in Europa wächst. Dort ist auch seine ursprüngliche Heimat. Seinen Stammplatz auf dem Gewürzbord verdankt der Thymian, abgesehen von seinem Aroma, auch seinen verdauungsfördernden Eigenschaften. Der wilde Thymian (Quendel oder Sandthymian genannt), der lateinisch „Thymus serpyllum" heißt, liefert ebenfalls ein ätherisches Öl, das jedoch weniger stark und wirksam ist. Es gibt unglaublich viele Thymian-Sorten; jedoch nur einige wenige, aus denen ätherisches Öl destilliert wird.

CHAKRA: Visuddha, FARBE: blau, PLANET: Uranus (Wassermann).

THYMIAN, Linalol (Thymus vulgaris, linalol)

Bekannte Inhaltsstoffe: Linalol, Linalylacetat, Geraniol. Destillierte Teile: Blühende Pflanze.

Die ätherischen Öle definieren sich über ihre hauptsächlichen chemischen Bestandteile: Thymol, Geraniol, Linalol, P-Cymen, Carvacrol etc. Während der Destillation färben sich die thymolhaltigen Öle rot, die carvacrolhaltigen schwarz und die linalol- und geraniolhaltigen behalten ihr goldenes Gelb. Daher werden die thymol- und carvacrolhaltigen von Fachleuten auch in „starke" bzw. die linalol- und geraniolhaltigen in „milde" Typen eingeteilt. Dem lateinischen Namen sollte zur besseren Identifizierung der jeweilige Chemotyp folgen.
Der Linaloltyp des Thymian hat, im Gegensatz zum Thymoltyp, keine ätzenden Anteile, so daß er bei verschiedenen schwer zu therapierenden Leiden eingesetzt werden kann. Gemeint sind die häufig bei jungen Mädchen vorkommende Bulämie (Freßsucht mit Übergeben) und cerebrale Erschöpfung. Beide stehen oft in Zusammenhang, da diese jungen Menschen sich von der Schule und den Eltern überfordert fühlen und zur Waffe gegen sich selbst greifen. Wer sich aber selbst angreift, möchte es indirekt einem anderen antun. Zureden und Maßnahmen helfen nicht viel. Die ätherischen Öle sind gerade hier einsetzbar, wo es um tiefes Unverstandensein geht und materielle Hilfe versagt. Im Vergleichshoroskop Eltern-Kind läßt sich sofort eine Überforderung oder zu strenge Erziehungsweise erkennen. Mit Geduld, Liebe und wenig Ehrgeiz werden wir besser zu positiven Ergebnissen kommen.

Andere Anwendungsmöglichkeiten für die „milde“ Thymianart: Infektionskrankheiten bei Kindern. Für eine Behandlung: 2 Tr. Thymian-Linalol auf 20 ml Jojobaöl sanft Brust und Rücken einreiben. Ob als Tee aus der frischen Pflanze, als Beigabe in einem Dampfbad, Massage-Öl oder in der Duftlampe, Thymian erhöht die körpereigenen Abwehrkräfte, wirkt stark antibakteriell, hilft bei Pilzerregern, wirkt stärkend auf Herz und Kreislauf und ist bei Husten und Bronchitis besonders zu empfehlen.

CHAKRA: Muladhara, Manipura-Surya, FARBE: rot bis orange, PLANET: Merkur (Zwillinge/Schütze), Uranus (Wassermann).

TUBEROSE (Polianthes tuberosa)

Bekannte Inhaltsstoffe: Jasmon, Methyl, Eugenol, Nerol. Extrahierte Teile: Ungeöffnete Blüten.

Es ist nicht einfach, Literatur über die Tuberose bzw. ihr ätherisches Öl zu finden, da sie äußerst selten beschrieben wird. Das symbolisieren ihre ungeöffneten Blüten, die sorgfältig nach alter Weise extrahiert werden. Sie will entdeckt werden, drängt sich nicht auf und bedrängt auch niemand. Wer sie kennt, weiß ihren Beistand in schwierigen Lebenssituationen zu schätzen und möchte sie bei sich haben. Sie ist der stille Begleiter der Menschen, die sich für die neue Form des Lebens entschieden haben. Die Signatur der Tuberose zeigt uns beides umgekehrt, Empfindsamkeit und Hingabefähigkeit auf der sichtbaren Seite und starke Wurzeln, Ausdauer und Durchhaltevermögen auf der unsichtbaren Seite. Und so wird sie beschrieben:
Die Tuberose ist eine mehrjährige Pflanze und wächst aus einer knollenartigen Wurzel. Sie wird bis zu 50 cm hoch, und die weiße Blüte, die der Jasminblüte sehr ähnlich ist, verströmt einen außergewöhnlich intensiven, süßlichen Duft. In Mittelamerika hat die Natur sie einst wild wachsen lassen, inzwischen ist sie auch nach Frankreich, Nordafrika und China vorgedrungen. Das Wertvolle an ihr ist ihr Duft, das ätherische Öl wahrscheinlich eines der teuersten überhaupt. Die Trennung der Duftstoffe von ihrem Wirt gelingt nur mit Hilfe von Lösungsmitteln oder auch dem zeitaufwendigen Enflourage-Verfahren, wobei den in Fett eingelegten Blüten ihr Duft entzogen wird. Das so gewonnene „Absolue“ ist sehr zähflüssig und hat eine tief braunrote Farbe. Der Geruch ist umwerfend intensiv, so stark, daß es noch mit Wasser oder Alkohol ver-

dünnt wird, um es überhaupt ein wenig flüssig zu machen. Es gibt von der Tuberose verschiedene Qualtitäten. Auf die Konsistenz sollte geachtet werden, je dickflüssiger, desto wertvoller ist die Qualität.
Was macht Tuberose so rar und so begehrt? Ein winziger Bestandteil eines Tropfens Tuberose auf 10 Tropfen Basisöl ist ausreichend, um ein mehrschichtiges, interessant duftendes blumiges Parfum für die Frau zu kreieren. Die Tuberose wirkt – dem Jasmin, Rose und Neroli ähnlich – auf den uns umgebenden Ätherleib, der seinerseits Kontakt zum Nervensystem hat und die feinen Schwingungen empfängt und weiterleitet. Die Wirkstoffe der Tuberose verbinden sich mit unserem höheren Selbst und unterstützen das Selbstvertrauen. Die Tuberose zählt zu den hohen geistigen Lehrern, die die Natur für uns bereithält. Sie vermag durch ihren magischen Duft den menschlichen Charakter in all seinen Facetten zu durchdringen und zu stärken, wenn man dazu bereit ist.

CHAKRA: Anahata, FARBE: hellgrün, PLANET: Venus (Stier/Waage).

VETIVER (Vetiveria zizanoides)

Bekannte Inhaltsstoffe: Vetiverol, Vetivenen. Destillierte Teile: Wurzeln.

Wer die Flasche mit der zähflüssigen, braunroten Essenz öffnet und vorsichtig ihren Duft einatmet, seiner Phantasie freien Lauf läßt, sieht vielleicht einen feuchten, nebligen Wald mit Farnen und Moos als Bodenbedecker. Die schwere, würzige Note erinnert an Duftverwandte wie Sandelholz oder Narde. Gemeinsam haben diese Pflanzen jedoch nur ihre indische Heimat. Die starke Nachfrage der Parfumindustrie hat dazu geführt, Vetiver auch in Indonesien, Haiti, auf der Insel Réunion, in China und Brasilien anzubauen. Immerhin werden jährlich ca. 20 Tonnen aus Vetiver gewonnen und verarbeitet. Vetiver gehört der Familie der Süßgräser an, mit bis zu 1,80 langen Halmen und einer besonders stark ausgebildeten Wurzel. Deshalb wird Vetiver gerne in Gebieten angepflanzt, wo sonst starke Regengüsse zu Bodenerosionen und Erdverschiebungen führen würden. Vetiver hat unterhalb der Erde alle Kraft versammelt, die Wurzeln sind der duftende Teil der Pflanze. Die für die Destillation bestimmten Wurzeln müssen mindestens zwei Jahre alt sein. In der prallen Sonne getrocknet, werden sie schließlich nach einer Reihe von Vorbereitungen mit Wasserdampf destilliert. Es gibt auch

ätherische Öle, die mit Lösungsmitteln gewonnen werden; von ihnen ist jedoch für therapeutische Zwecke abzuraten. Man könnte annehmen, die Wurzeln seien ergiebige Duftstofflieferanten; dem ist aber nicht so: aus 50 Kilo Wurzeln erhält man höchstens 10 ml zähflüssiges ätherisches Öl. Darum ist echtes Vetiver-Öl auch teuer und wird für die Industrie synthetisch hergestellt. Es gab sogar Zeiten, in denen kaum noch echtes auf dem Markt war. Dies ist glücklicherweise Vergangenheit, der hohe Preis bleibt dem Konsumenten aber erhalten. Vetiver kaufen ist Vertrauenssache.
Der erdverbundene Vetiver ist ideal für Menschen, die den Kontakt mit ihrer inneren „Erde" zeitweise oder dauerhaft verloren haben. Gut ist er auch für Luft- und Feuerzeichen, die die ruhige Erdstrahlung als wichtigen Gegenpol unterbewerten. Es wirkt beruhigend auf das Nervensystem, jedoch anregend auf den Stoffwechsel. Vetiver wird ausschließlich äußerlich gebraucht. Für Schwangere ist es nicht zu empfehlen, da es bluttreibend wirkt. Vetiver wurde und wird intensiv bei der Insekten-, speziell zur Mottenabwehr eingesetzt. Traditionelle indische Teppichwebereien hatten als Basismaterial kleine Wurzelsträuße von Vetiver, um den Teppich vor Motten und anderen Gewebefressern zu schützen.

CHAKRA: Muladhara, FARBE: rot, PLANET: Saturn (Steinbock/Wassermann).

WACHOLDER, Beeren (Juniperus communis)

Bekannte Inhaltsstoffe: Pinen, Mykren. Destillierte Teile: Beeren.

Wacholder ist ein uraltes Zypressengewächs, dessen Heilkräfte dem Menschen nicht lange verborgen blieben. Als Gewürz, hochprozentiges Getränk und Heilpflanze ist er präsent. Die runden, harten Früchte (meistens Beeren genannt) wachsen am weiblichen Baum. Erst im dritten Jahr können sie, inzwischen tiefschwarz, geerntet werden. Grün sind die Früchte im ersten und blau im zweiten Jahr, nicht selten finden sich an einem Baum alle drei Reifestadien. Zwischen August und November werden die Früchte geerntet und getrocknet. Erst jetzt sind sie für den Feinschmecker und den Destillateur von Wert. Die getrockneten Früchte dienen zur Würze schwerer Speisen, sie sorgen für die Abfuhr giftiger Stoffe. Intensiv, leicht bitter duftendes ätherisches Öl wird aus den Früchten destilliert.
Der gründliche, ausdauernde Charakter des Wacholder hat saturnische Qualität. Wer sich in einer saturnischen Phase befindet, hat mit grund-

legenden Veränderungen des Alltags zu tun. Am ehesten übersteht man diese „Prüfungen", wenn man die Lektionen akzeptiert. Es ist eine Phase der Klärung, die viel Geduld erfordert, hat aber den Vorteil, daß wir nichts zu entscheiden brauchen, denn das macht Saturn, der Herr der Zeit.
Das ätherische Wacholderbeeren-Öl ist ein Reiniger für alle Ebenen. Junge und viele ältere Menschen können sich auch nach einer „Trennung" noch freundschaftlich begegnen. In solchen Krisenzeiten wenden wir uns bewußter unserem eigenen Leben zu, das oft vernachlässigt wurde. Wir gönnen uns eine wohltuende Körpermassage, baden in herrlich duftendem Aromabad und lassen uns von der geistigen Welt inspirieren. Wacholder baut uns wieder auf, indem er für den Abbau von Giftstoffen in Nieren, Leber und Gelenken sorgt. Die viel verbreiteten Eiweißspeicherkrankheiten wie Rheuma, Gicht oder Wasseransammlungen, Übergewicht und Hautprobleme, finden im Wacholder einen natürlichen Helfer. Tierisches Eiweiß sollte weitgehend vom täglichen Speisezettel verschwinden. Die Betroffenen müssen sich auch fragen, ob es in ihrem Leben erstarrte Strukturen gibt, die zu mangelnder Flexibilität (Gelenke) führen. Einige Tropfen Wacholder in der Duftlampe erfrischen die Luft im Nu und versorgen die Atemwege bei Erkältung und Bronchitis. Das ätherische Wacholder-Öl baut Stauungen ab und stimuliert den Fluß der Säfte.

CHAKRA: Svadhisthana, FARBE: rot-orange, PLANET: Neptun (Fische).

WACHOLDER, Holz (Juniperus communis)

Bekannte Inhaltsstoffe: Pinen, Thujobsen. Destillierte Teile: Fruchttragende Zweige.

Ein zweites ätherisches Öl wird aus den Zweigen gewonnen. Es kann mit geringerem Aufwand destilliert werden, darum ist es preisgünstiger als das der Beeren. Der Duftvergleich lohnt sich. Wem die Beeren zu stark sind, der wird im Holz eine „sanfte" Variante entdecken. Wer aber die Kraft der Beeren gerade nötig hat, wird seine Nase enttäuscht abwenden und nach den Beeren fragen. In jedem Fall ist das Holz für einen ersten Kontakt mit dem vielseitigen Wacholder gut geeignet. Was die zwei Düfte zunächst assoziieren, nämlich sanftes Holz und starke Beeren, ist tatsächlich genau andersrum. Die Beeren sind weniger reizend. Positiv ausgedrückt, ist Wacholder-Holz ein guter Stimulator. Es stärkt die antriebsschwache, auch unentschiedene Persönlichkeit. Ähnlich den Eigenschaften der Beeren ist auch das Holz wirksam bei Stau-

und Speicherkrankheiten. Ein Rheuma-Öl könnte z. B. Tropfen von Wacholder-Beeren und -Holz, Zitrone und Zypresse enthalten.
Ein morgendliches Bad mit einigen Tropfen Wacholderzweigessenz gibt Schwung und beugt Erkältungen vor.

CHAKRA: Sahasrara, Visuddha, FARBE: violett bis blau, PLANET: Jupiter (Schütze/Fische), Saturn (Steinbock/Wassermann).

WEIHRAUCH (Boswellia carterii)

Bekannte Inhaltsstoffe: Pinen, Thujen, Limonen. Destillierte Teile: Harz.

Weihrauchbäume zählen zur kleinen Familie der Balsambaumgewächse mit gut zwei Dutzend Arten. Die botanisch korrekte Bezeichnung sowie die Abstammung der verschiedenen Arten war umstritten. Durchgesetzt hat sich boswellia carterii für die Urpflanze in Somalia und boswellia sacra für die ursprünglich arabische Pflanze. Mitte des 18. Jahrhunderts wurde Weihrauch als buschiger Baum mit behaarten Blättern erstmals botanisch erfaßt und gezeichnet. Die Verwurzelung in rituellen heiligen Handlungen ist jedoch viel älteren Datums. Meistens in Kombination mit Myrrhe war und ist Weihrauch teilweise auch heute noch fester Bestandteil von Reinigungszeremonien.
Das ätherische Öl des Boswellia carterii ist in bester Qualität sicher nicht billig. In großen „Tränen" quillt das Harz (Olibanum genannt) aus tiefen Schnitten im Stamm des Baumes. Aufgesammelt und weiterverarbeitet werden die Tränen jedoch erst, wenn sie – inzwischen gelb bis braun-rötlich verfärbt – von selbst abfallen. Das ätherische Öl wird aus dem Olibanum durch Wasserdampf-Destillation gewonnen. Weder mit dem intensiven Duft der Räucherstäbchen, noch dem etwas schweren, jedoch sehr typischen Kirchenweihrauch ist der Duft des sauberen ätherischen Öls zu vergleichen. Ein scharf in die Nase ziehender, harzig-balsamischer Duft begegnet seinem Benutzer. Wem dieser reine Weihrauch nicht liegt, der soll ihn auch nicht gebrauchen. Weihrauch enthüllt das Stadium der Entwicklung, er ist im Stande, sich mit unseren Gedanken zu verbinden. In Kombination mit Orange erleichtern die balsamischen Wirkstoffe des Weihrauch die Last negativer Gedanken. In großer Verdünnung oder auch in Mischung mit Lavendel ist Weihrauch ein Auraschutz, wichtig für therapeutisch arbeitende Menschen und solche, die in ihrem Alltag große Lasten auf sich nehmen. Muskatellersalbei mit Weihrauch ist für Frauen geeignet, die ihre Emotionen zwar ausleben, aber nicht deren Opfer werden wollen. Sein „heiliges" Wesen hat

Weihrauch (Boswellia carterii)

viele Gesichter, die je nach Kombination mit anderen Düften ihr Antlitz verändern.
Weihrauch vertreibt die schlechten Geister und begleitet Seelen auf ihrer Wanderung in die nächste Phase des Bestehens.

CHAKRA: Sahasrara, FARBE: gold, PLANET: Neptun (Fische)

YLANG-YLANG (Cananga odorata)

Bekannte Inhaltsstoffe: Germacren, Caryophyllin. Destillierte Teile: Blüten (Kultur-).

Wer Ylang-Ylang zu aufdringlich findet, wird kaum die Begeisterung nachempfinden, die die „Blume der Blumen" (aus dem Malayischen übersetzt) bei ihren Liebhabern auszulösen vermag. Die Intensität des beinahe an künstlich produzierte Düfte erinnernden Ylang-Ylang läßt Zweiflern keine Chance. Spontan rufen seine Bewunderer erfreut, sie hätten ihren Lieblingsduft gefunden. Nasen, die nur Sanftes an sich lassen, nehmen erschrocken reißaus. Wer Ylang-Ylang therapeutisch einsetzt, wird deshalb auch vorher prüfen, ob der Duft behagt.
Der Baum aus der Familie der Anemonengewächse war auf den Philippinen heimisch und hat sich über das gesamte tropische Asien verbreitet. Das beste ätherische Öl wird aus den vorzugsweise kleinen Blüten des kultivierten Baumes gewonnen. Die innerhalb eines Monats reifenden Blüten des Kultur-Baumes duften viel intensiver als die des wilden Verwandten. Je nach Destillationszeit werden drei Qualitäten und eine „Extra-"Qualität unterschieden. Die nur einstündige Destillation „Ylang-Extra" enthält die edelsten Kopfnoten (Ester, Äther und Benzoat), die folgenden „1., 2. und 3. Qualität" wird 3, 5 und 9 Stunden destilliert; sie enthalten die Sesquiterpene Germacren und Caryophyllen. Außerdem gibt es die viel billigere und schwächere, aus Java stammende „Cananga", die häufig auch als billiges Ylang-Ylang angeboten wird.
Ylang-Ylang bringt das Blut in Wallung, früher wie heute hat es den Ruf, ein Aphrodisiakum zu sein, es wird als Stimulator empfohlen. Seine spannungslösenden Eigenschaften wirken regulierend auf Herz und Kreislauf. Die Eingeborenen haben sich mit Ölextrakten eingerieben, um sich vor Fieber- und Erkältungskrankheiten zu schützen. Tatsächlich hat Ylang-Ylang antiseptische Eigenschaften und ist keimtötend. Für die tägliche Schönheit kann dieser liebliche Blumenduft auch einem Massage-Öl sowie Gesichts- und Haarwassern zugefügt werden.

Ylang-Ylang (Cananga odorata)

CHAKRA: Anahata, Sahasrara, FARBE: hellgrün, PLANET: Venus (Stier/Waage).

YSOP (Hyssopus officinalis)

Ysop, das kleine grüne Gewürzkraut mit den hübschen blauen Blüten, kann auf spielerisch-fröhliche Weise schwere Gemüter aufheitern. Es ist ein sommerlicher Willkommensstrauß der besonderen Art. Ysop vermag durch Fassaden zu blicken und direkten Kontakt mit der sich verbergenden Psyche aufzunehmen. Besonders dort, wo der Wunsch nach Anerkennung übergroß ist, hilft Ysop bei der Rückkehr zu sich selbst.
Es gibt zwei ätherische Ysop-Öle, die ihrer Inhaltsstoffe wegen voneinander unterschieden werden müssen.

YSOP, canescens (Hyssopus officinalis)

Bekannte Inhaltsstoffe: Isopinokamphon, Pinen, 1.8 Cineol. Destillierte Teile: Blühende Pflanze.

Der Ysop mit dem Beinamen canescens ist aufgrund seines hohen Anteils an giftigen Ketonen mit Sachkenntnis und Vorsicht zu dosieren. Kinder sollten mit diesem Öl nicht behandelt werden. Bei hoch ketonhaltigen Ölen besteht bei falscher, zu hoher Dosierung die Möglichkeit einer Umkehr der beabsichtigten Wirkung.
Ysop-canescens wirkt in schwachen Dosen beruhigend. Mit einem Basis-Öl vermischt ist Ysop-canescens ein Heiler der Atemwege. Es wirkt auswurffördernd und antiasthmatisch. In der Duftlampe wirkt Ysop genauso aufheiternd wie ein Strauß seiner Blüten auf dem Tisch im Wohnzimmer.

CHAKRA: Ajna, Visuddha, FARBE: violett, PLANET: Uranus (Wassermann).

YSOP oder Berg-Ysop (Hyssopus montana-ex decumbens)

Bekannte Inhaltsstoffe: Linalol, 1.8 Cineol, Pinen. Destillierte Teile: Blühende Pflanze.

Der Berg-Ysop ist ein selten vorkommendes ätherisches Öl. Er ist es wert, seine Bekanntschaft zu machen. Aus dem nur etwa 30 cm hohen

Strauch wird während der Blüte ein beinahe ketonfreies ätherisches Öl destilliert. Es ist so fein, daß es problemlos bei Kindern eingesetzt werden kann. Berg-Ysop fördert die seelische Entwicklung bei Kindern/Heranwachsenden und ist außerdem ein „Nerventonikum" für unruhige Geister.
Bei Hals-, Nasen- und Ohren-Infektionen sowie Störungen der Lungen- und Bronchienfunktionen wirkt der sanfte Berg-Ysop auswurffördernd und antiseptisch. Geben Sie ein paar Tropfen in ein Massage-Öl, dann kurz erwärmen und einmassieren (Brust und Rücken).

CHAKRA: Muladhara, Visuddha, FARBE: rot bis blau, PLANET: Mond (Krebs).

„Die kosmische Intelligenz ist es,
der die menschliche nur folgte".
(Werner Bohm)

ZEDERNHOLZ (Cedrus atlantica)

Bekannte Inhaltsstoffe: Himachalen, Pinen. Destillierte Teile: Holz.

Die Zeder ist ein Nadelgehölz mit reicher Vergangenheit. Der eigentliche Urvater der Zedern ist die riesenhafte Libanonzeder, die den Sprung in die heutige Zeit bis auf wenige Exemplare nicht geschafft hat. Ihr nahezu unvergängliches Holz und der daran haftende intensive Duft machte es zu idealem Bauholz; es ist wetter- und fraßbeständig. So ist z. B. neben Mumiensärgen, Geräten aller Art und Schiffen der Tempel des Salomon in Jerusalem aus Zedernholz gebaut. Der Umfang manch einer alten Zeder kann bis zu 12 Meter ausmachen; das älteste noch lebende Exemplar wird auf ca. 2500 Jahre geschätzt.
Das ätherische Zedern-Öl wird mit Wasserdampf aus den gehobelten Spänen der verwandten Atlas-Zeder destilliert, die im namengebenden Atlasgebirge Marokkos und im Südwesten Frankreichs vorkommt. Der Baum sollte nicht jünger als 20 Jahre sein, dann erst entfalten die ätherischen Bestandteile das volle Aroma, sehr sanft und dennoch intensiv harzig. Das qualitativ beste Öl kommt aus Marokko, wenige Tropfen echte Zeder, allein oder in interessanter Mischung, machen Lust auf weitere Experimente. Leider sind billige Kopien anderer Nadelholzgewächse unter dem Namen „Zedern-Öl" häufig. Wer sich bester Qualität versichern will, kann nach dem lateinischen Namen fragen oder muß sich auf seine Nase verlassen. Das ätherische Öl der Zeder ist seit jeher ein Psycho-Öl. Sein hoher Anteil an Sesquiterpenen (bis zu 85 Prozent) wirkt entspannend und zugleich aufheiternd. Beim Einatmen dieses war-

men Duftes wird die Seele getröstet. Hautprobleme, oft Begleiterscheinung von Atemwegserkrankungen, können mit der Zeder gemildert werden. Lavendel, Rose, Neroli, Bergamotte, Clementine oder auch Grapefruit geben dem tiefen Zedernholzduft eine leichte, aber mehrschichtige Note. Wer einmal begonnen hat, mit dem vielschichtigen Zedern-Öl zu komponieren, der wird bald seine eigene „Hausmischung" finden.

CHAKRA: Visuddha, FARBE: blau, PLANET: Venus (Stier/Waage).

ZIMT (Cinnamomum ceylanicum)

Teile des Zimtbaums (auch Ceylon-Zimt genannt) wurden bereits 200 vor Christus als süßendes Gewürz entdeckt. Der Zimt, ein kleiner immergrüner Baum aus der Familie der Lorbeergewächse, ist auf Sri-Lanka (Ceylon) heimisch. Im 17. Jahrhundert haben die Holländer, die schnell seinen Wert als Gewürz erkannt und monopolisiert hatten, den Zimt in Kulturen gezogen. Inzwischen wächst der höchstens fünf Meter hohe Zimtbaum auch auf Java, Sumatra und Brasilien. Während Zimt unzähligen Speisen und allerlei Gebäck das typische Aroma gibt, ist das Wissen um die vielen heilenden Eigenschaften des Zimts nur Kennern von Fachliteratur vorbehalten. Aus dem Zimtbaum werden zwei qualitativ sehr unterschiedliche ätherische Öle destilliert.
Eine drittes ätherisches Öl wird aus der sogenannten China-Rinde gewonnen, die in Süd-China heimisch ist und dort auch noch immer angebaut wird. Das daraus gewonnene Gewürz heißt Kassiazimt (auch Zimtkassia), er ist jedoch nicht mit der Würzkraft des Ceylon-Zimts zu vergleichen; genau wie das aus der Rinde und den Blättern destillierte ätherische Öl, das minderwertiger als das seiner höherstehenden Kollegen ist. In China hat Kassia als Gewürz- und Heilpflanze eine weit zurückreichende Tradition.
Leider wird Ceylon-Zimt-Öl oft mit dem billigen Kassia-Öl vermengt, was dem Laien kaum auffallen wird, die geübte Nase aber erkennt. Die Öle der Zimtrinde und -blätter sind von hoher Wirksamkeit. Um so eindringlicher an dieser Stelle der Hinweis auf vorsichtiges, gut informiertes Dosieren! Wie für viele andere Öle gilt auch beim Zimt: Viel hilft nicht viel, sondern bewirkt eine Umkehr(!) der Wirkung.

ZIMTRINDE (Cinnamomum ceylanicum)

Bekannte Inhaltsstoffe: Zimtaldehyd, Eugenol. Destillierte Teile: Rinde.

Das teure und seltener zu findende Öl aus der Rinde kommt von auf Sri Lanka wachsenden Bäumen. Es enthält bis zu 75 Prozent Zimtaldehyd, ein besonders wirkungsvolles Mittel zur Bekämpfung von Infektionen. Hiermit sind sowohl Haut- (Herpes etc.) als auch Atemwegsinfektionen (Grippe, Erkältung) gemeint. Das Zimtrinden-Öl wirkt auf die Mitte des Menschen stärkend. Darminfektionen oder Verdauungsstörungen in Form von Verstopfung, krankhaften Blähungen oder sogar Durchfall beeinträchtigen die Lebensqualität nicht unerheblich. Hier hilft das ätherische Öl der Zimtrinde in hoher Verdünnung, mit einem Basisöl vermischt. Sie sollten dazu regelmäßig die gesamte Bauchregion einmassieren.

CHAKRA: Anahata, Surya, Muladhara, FARBE: hellgrün, orange-rot, PLANET: Sonne (Löwe), Venus (Stier/Waage).

ZIMTBLATT (Cinnamomum ceylanicum)

Bekannte Inhaltsstoffe: Eugenol, Pinen. Destillierte Teile: Blätter.

Das preiswertere ätherische Öl der Zimtblätter kommt von den Blättern zwei bis drei Meter hoher Büsche, die in Kulturen auf Sri Lanka angebaut werden. Dieses Öl hat mit weniger als drei Prozent Aldehyden und ca. 70 Prozent Phenol (Eugenol) eine völlig andere Zusammensetzung. Ebenso wie das Öl der Rinde sind die Zimtblätter ein großes Breitband-Bakterizid und geeignet, unsauberes Trinkwasser mit einigen Tropfen zu desinfizieren!
Der hohe Eugenol-Anteil macht es zu einem Wahlverwandten der Nelke, hat jedoch mehr Klasse. Zimtblätter in ihrer ätherischen Form „erden" Menschen, stärken das Selbstvertrauen.

CHAKRA: Muladhara, FARBE: rot, PLANET: Mars (Widder/Skorpion).

ZITRONE (Citrus limonum)

Bekannte Inahltsstoffe: Limonen, Pinen, Terpinen. Kaltpressung der Schalen.

Der Baum, an dem die uns allen bekannte Zitrone wächst, wird nur ca. fünf Meter hoch; damit ist sie ein verhältnismäßig kleines Mitglied der Zitrusbäume. Ursprünglich stammt die Zitrone wahrscheinlich aus Indien. Heutzutage ist sie im gesamten Mittelmeerraum zu finden, dort, wo die Sonne intensiv scheint und Frost keine Chance hat. Am idealen Standplatz entwickelt sich der Baum prächtig. Seine leicht stachligen Zweige haben tiefgrüne, kleine Blätter und, falls noch nicht zur Frucht entwickelt, weiß-rötliche, stark duftende Blüten. Es gibt zwei Zitronen-Essenzen, eine so charakteristisch wie die andere. In zwei Phasen werden die Zitronen verarbeitet: die im November/Dezember noch grünen Früchte ergeben einen scharf-zitronigen, sehr frischen Duft, die Essenz ist auch grün. Im Januar/Februar wird die hellgelbe bis farblose Essenz gewonnen, der Duft verrät die längere Reifezeit.

Zitrone gehört zur Grundausstattung eines jeden Duftlampen- bzw. Aroma-Haushalts. Die vielen Anwendungsgebiete und Kombinationsmöglichkeiten der Zitrone erlauben einen größeren Vorrat, der allerdings nach spätestens einem Jahr aufgebraucht sein sollte. Die Haltbarkeit von Zitronen-Essenz, wie auch aller anderen Zitrusdüfte, ist leider begrenzt. Zitrone gehört zu den preiswerten Ölen, denn ca. 200 kg Zitronen liefern 1 kg Essenz (vgl. 5000 kg Rosenblätter für die gleiche Menge ätherisches Rosenöl).

Die Zitrone ist ein Soldat, ein „Streetworker", sie bietet jedem bereitwillig ihre Hilfe an. Überall ist ihr Zuhause, was mit ihr in Berührung kommt, wird gründlich desinfiziert. Bakterien verschiedenster Art werden innerhalb von 24 Stunden unschädlich gemacht. Entzündungen, Ausschläge, Insektenstiche, Schleimhautreizungen können äußerlich in einer Verdünnung mit einem Basisöl behandelt werden. Die zusammenziehende Wirkung der Zitrone kommt überreizten Schleimhäuten und Atemwegen zugute. Ein Stofftaschentuch, mit einigen Tropfen Zitrone getränkt, leistet Asthma-Patienten unterwegs erste Hilfe. Zwei Tropfen auf den Luftfilter eines Staubsaugers, bevor frau/man an die Arbeit geht, desinfizieren und säubern die Luft, eine natürliche Lösung für Hausstaub-Allergiker. In Verdünnung mit hochprozentigem Alkohol und destilliertem Wasser läßt sich für den fetten Hauttyp ein erfrischendes Gesichtswasser herstellen (abends dann, ebenso gemischt, Lavendel für die Nachtruhe). Wer sich mit Zitronen-Massage-Öl verwöhnen läßt, tut auch etwas für die körpereigene Abwehr, da Zitrone die Bildung der weißen Blutkörperchen anregt, die gegen die eingedrungenen Bakterien kämpfen. Zitrone schließt offene Hautporen und schützt damit vor dem Austrocknen. Da Zitrone die Lichtempfindlichkeit der Haut erhöht, sollte sie nicht vor einem Sonnenbad gebraucht werden.

CHAKRA: Manipura-Surya, FARBE: orange, PLANET: Sonne (Löwe).

ZYPRESSE, italienische (Cupressus sempervirens)

Bekannte Inhaltsstoffe: Pinen, Caren, Cedrol. Destillierte Teile: Zweige mit Zapfen.

Wer die Toskana einmal besucht hat, wird sie nie vergessen. In Gruppen, Alleen oder einzeln stehen die Zypressen die Landschaft unterbrechend, hochaufragend in Säulenform oder zedernähnlich ausladend als Symbol für die Mittelmeer-Gegend. Auch auf Kreta, Rhodos, im Norden des Iran und in Kleinasien ist die Zypresse heimisch. Mit ihr läßt sich ein Garten architektonisch gestalten. Hier eine Wand von Zypressen, dort ein Mittelpunkt, hoch aufragend mit hübschem Weg drumherum und einer Bank, die zum Verweilen einlädt. Es scheint, als strahle die Zypresse Ruhe aus.
Im Sommer wie im Winter grün, steht sie häufig als Begrenzung einer Landschaft. Die Zypresse begleitet dahingegangene Menschenleben zu ihrer letzten Ruhestätte. Auf Friedhöfen sind die bis zu 30 Meter hohen Riesen Säulen der trauernden Gemeinschaft.
Die ätherische Zypresse duftet würzig-warm; ein durchaus schwerer Holzduft. Menschen, die ihr Leid still mit sich tragen und auch durch einschneidende Ereignisse nicht mehr zu Begeisterungsstürmen fähig sind, fühlen sich von der Zypresse oft angezogen. Sie können nämlich innerlich genießen, ganz privat; ihr eigener Beschluß, sich niemandem mehr hinzugeben, machte lebende Steine aus einst pulsierenden Wesen. Das Öl der Zypresse setzt hier an, es hilft, sich zu erinnern, einen neuen Anfang zu machen, alte Verletzungen zu überwinden. Zypresse hat eine große psychische Komponente. Nervöse Müdigkeit und Unruhe, auch Bettnässen sind einige der seelisch bedingten Beschwerden, die durch Zypressen-Öl gelindert werden. Mit Wasserdampf wird das ätherische Öl aus den Zweigen, an denen sich die männlichen Zapfen befinden, gewonnen. Nach einer zweimal achtstündigen Destillationszeit erhält man das reine ätherische Öl, leicht gelblich und etwas dickflüssig. Es hat einen vergleichsweise hohen, bis zu 75 Prozent ausmachenden Anteil an Monoterpenen, die allgemein stärkende Eigenschaften haben und Luftwege desinfizieren. Das Zypressen-Öl verstärkt den venösen Blutkreislauf. Krampfadern und Hämorrhoiden haben als Ursache eine Aderschwäche, die äußerlich – auch pur – mit der zusammenziehenden Zypresse eingerieben werden. Wer das nicht verträgt, kann eine Mischung von Lavendel, Zypresse und Mandelöl probieren – je öfter, desto effektiver. Mit Rosmarin Verbenon hat die Zypresse eine Geistesverwandte gefunden; sie stehen auch in der Natur gerne beiein-

ander. Eine äußerst weise Kombination, die dem Menschen Freude und inneren Frieden bringt.

CHAKRA: Svadhisthana, FARBE: orange, PLANET: Saturn (Steinbock/ Wassermann), Venus (Stier/Waage).

Zypresse, italienische (Cupressus sempervirens)

Aromarezepte mühelos anwenden

Ätherische Öle ersetzen nicht den Arzt, sondern sie bedeuten die Nutzung natürlicher Mittel zugunsten des Menschen. Wer Zweifel hat, konsultiere immer (!) einen Arzt. Die innerliche Anwendung der ätherischen Öle wird unter therapeutischer Begleitung zwar praktiziert, wird im Rahmen dieses Buches aber nicht behandelt. Die innerliche Verabreichung der hochkonzentrierten ätherischen Öle und Essenzen ist der genauen Dosierung wegen nur unter therapeutischer Begleitung anzuraten.

Für alle Düfte gilt:

- **zum Riechen** einen Tropfen auf die Hand oder bei sehr empfindlicher Haut (Allergie) auf ein Papiertaschentuch,
- **für die Duftlampe** drei bis fünf Tropfen, je nach Raumgröße und Essenz
- **im Diffuseur** (elektrisch betriebener Mikrozerstäuber, der die Duftmoleküle in ihrer Ganzheit in den Raum strömen läßt). Nur unverdünnte Essenz benutzen, siehe Anweisung.
- **Für Massage-Öle** wird im Rezept-Teil die Menge angegeben.

Achtsamkeit, neue: „Gib acht oder konzentriere dich, tue was du tust", ein Taowort. Konzentration auf das Wesentliche ist zeitgemäß und entspricht dem Charakter des Neuen Zeitalters. Konzentrationsfördernde Düfte sind:

- Salbei, Eukalyptus, Rosmarin, Ravensara, Pfefferminze, Zitrone, jeweils ein Tropfen Essenz zum Riechen, mehrmals täglich.

Äderchen, erweiterte (irrtümlich als geplatze Äderchen bezeichnet): Ernährung auf pflanzliche Produkte umstellen, äußerlich zarte Massagen mit

- Zitronen-Weihrauch-Öl:
- auf 30 ml Jojoba oder Haselnußöl 20 Tropfen Zitronen- und 10 Tropfen Weihrauchessenz.

Ärger, negative Gefühle: Zur augenblicklichen Umstimmung
- Echte Melisse, Rose, Neroli, Jasmin (alle lieblichen Düfte), ein Tropfen riechen. In 2-ml-Fläschchen erhältlich.

Ätherleib: Schichtweise durchdringend bis ins Innere mit ätherisch-himmlischen Düften, um ihn zum Glühen zu bringen.
- Lavendel, Ravensara und Bergamotte sind drei starke Essenzen mit tiefgehender Wirkung.

Affirmation, Bejahung, Behauptung, für etwas danken, was noch nicht oder nicht vollkommen da ist. Z. B. Danke für die Liebe, für die richtige Arbeit, für die Gesundheit, für die Fülle. Dazu ein harmonisierender Duft. Bergamotte geht tief und stimmt positiv. Andere Zitrusdüfte wie Orange, Zitrone, Mandarine haben anregenden Charakter, und das nicht nur am Morgen.
- Ein Tropfen Bergamotte oder Zitrus-Essenz auf die Hand und tief einatmen. Jeden Morgen und Abend wiederholen wirkt Wunder.

Aggression: hat oft mit einem Marstransit zu tun (sein Horoskop sollte jeder kennen), dann besteht die Möglichkeit, anders zu reagieren.
- Ein Tropfen süße Orange stimmt milde, Mandarine und Zitrone ebenfalls, Sandelholz ist der beste Transformator.

Akzeptanz: Sich einstellen auf die „Lektion" und erkennen, daß es zu unserem Besten ist. Die ätherischen Öle helfen sehr, die Dinge gelassener und vertrauensvoller an sich herankommen zu lassen.
- Ein Tropfen Zimtrinde, echte Melisse, Eisenkraut oder Ysop

Allergien: Vorsicht! Einige ätherische Öle können Allergien auslösen, deshalb raten wir Allergikern, das Öl erst in der Armbeuge zu testen. Allergien haben viele Ursachen. Häufige sind ernährungsbedingt oder treten nach Arzneimittelgebrauch auf.
Allergische Hauterkrankungen können mit Kamillen-Öl vorsichtig behandelt werden. Bei allergischem Heuschnupfen schafft, nach Hauschka, Zitrone, die zusammenziehend wirkt wie keine zweite Essenz, Linderung. Für unterwegs ein Tropfen auf ein Taschentuch geben und immer wieder daran riechen.
- Römische Kamille als Kompresse (mit Wasser verdünnt) auflegen.
- 1 Tr. Zitrone auf ein Taschentuch, öfter daran riechen, lindert das Prickeln.

- 2 Tr. grüne Zitrone auf den Luftfilter des Staubsaugers, desinfiziert die Atemluft während des Staubsaugens.

Alter: hat mit Reife zu tun. C. G. Jung betont die zweite Lebenshälfte. Düfte, besonders Lavendel und echte Melisse dienen uns bei der Suche nach den inneren Schätzen.
- Kostbare Düfte wie Jasmin, Neroli, Rose, Ysop, Sandelholz begleiten jetzt unseren Weg. Ein Tropfen reicht.

Altersflecken: s. Pigmentflecken

Andacht: tägliche Energiequelle für Gestreßte. Eine Minute Meditation. Im Duftflacon (es gibt elegante kleine Flacons aus Silber) oder in der Miniflasche, immer griffbereit.
- Weihrauch, oder Elemi, eine leichte Variante des Weihrauchs, ein Tropfen Essenz riechen, evtl. eine Spur davon an die Nase tupfen.

Angina: Naturarzt! Einleitend als erste Hilfe inhalieren mit Eukalyptus radiata oder Teebaum,
- drei Tropfen Eukalyptus oder Teebaum auf eine kleine Schüssel heißes Wasser oder ein Gemisch von Teebaum-Lavendel-Eukalyptus-Essenz und davon drei bis fünf Tropfen.

Angst generell: tiefes Atmen, Ruhe finden und einen kräftigen Duft riechen. Mangel an Gottvertrauen?
- Ein Tropfen Rosmarin verbenon, süße Orange, Salbei off., oder Wacholderbeere, öfter am Tag daran riechen.

Angst vor Prüfungen: Angelika oder Rosenholz stabilisieren die Mitte.
- Fünf Tropfen Angelika oder Rosenholz auf 10 ml Mandelöl auf Pulse rechts und links und die Füße einreiben. Einen Tropfen Angelika in die Mitte der Hand, achter Punkt des Herzmeridians, einmassieren und öfter tief einatmen.

Anregung: Korsisches Rosmarin verbenon duftet hell und rein, es belebt augenblicklich unseren Ätherleib, der den materiellen Leib durchdringt und ihn erfrischt.
- Ein Tropfen Rosmarin verb. riechen, am besten im Duftflacon bei sich tragen.

Antiseptisch: Alle echten ätherischen Öle. Lavendel kann direkt auf die Haut aufgetragen werden, es fördert die Bildung von weißen Blutkörperchen. Eukalyptus ist stark keimtötend. Eine 2%ige Lösung im Raum versprüht, tötet 70% aller Staphylokokken (nicht bei Lebererkrankungen). Lemongrass hat aufgrund seines hohen Citralanteils (70%) eine stark antiseptische Wirkung und ist ein gutes Mittel zum Desinfizieren von Räumen oder zum Abwaschen von Gegenständen. Zimt ist das große Antiseptikum, Anwendung siehe Eukalyptus oder Lemongrass. Bergbohnenkraut darf nicht unerwähnt bleiben in der Liste der großen Antiseptika. Es enthält die Phenole Thymol und Carvacrol, die zur vorsichtigen Dosierung mahnen.
- 10 Tr. eines der genannten ätherischen Öle mit 100 ml Wasser vermengen und versprühen
- Oder 3–4 Tr. eines der genannten ätherischen Öle in die Duftlampe geben.

Arthrosen: Massagen mit Rosenholz und Speik-Lavendel – beide sind gut hautverträglich –, Weihrauch bringt die Energie in Bewegung und wirkt entzündungshemmend, besonders bei Polyarthritis. Koriander, als einer der sog. „heißen Samen“, zieht die Hitze aus den schmerzenden Gelenken.
- Auf 30 ml Jojoba-Öl je 10 Tr. Rosenholz und Speik-Lavendel, einreiben.
- Feuchtwarme Kompressen mit je 5 Tr. Rose und Teebaum, auf Basis 30 ml Olivenöl.
- Bäder mit Thymian, Lavendel und Rosmarin (Rosm./Thymian je 2 Tr., Lavendel 5 Tr.) gemischt mit einem Emulgator (z. B. Sahne) ins einlaufende Wasser geben, oder einfach zwei Hände voll Meersalz plus 10 Tr. Essenz ins Badewasser geben.

Asthma: Ein Fußbad mit Lavendel zieht die Hitze nach unten und wirkt bei mancher Art von Asthma sofort (z. B. bei einem Energiestau in den Ausscheidungsorganen, Lunge, Leber, Niere, Blase, Darm).
- 10 Tr. wilder Lavendel in ein heißes Fußbad.
- 1 Tr. Zypresse oder Anis in lauwarmem Wasser inhalieren (nicht bei hohem Blutdruck).

Atmung: Ideal ist Eukalyptus bei Asthma, Bronchitis, Erkältung, Grippe, Sinusitis und Angina. Atmungsorgane verlangen Terpene, die zum Beispiel in Fichte, Thymian, Salbei oder Eukalyptus vorkommen.

- Je 1 Tr. der genannten Öle für das Dampfbad, im Zerstäuber, Brustbalsam bzw. einer feuchtwarmen Kompresse für den Hals (hier 5 Tr. in Kompressen-Wasser).
- Bei infektiösen Erkrankungen der Atemwege helfen Zimt, Bergamotte, Eisenkraut oder Eukalyptus je 3 Tr. in der Duftlampe, oder in 20 ml Massage-Öl 10 Tr. gemengt.
- Druck auf der Brust: 1 Tr. Bischofskraut mit etwas Salbe über dem Herzen einmassieren, ist sehr krampflösend. Sandelholz und Weihrauch wirken zusätzlich über die Psyche sehr entkrampfend.

Augen: Vorsicht! Ätherische Öle dürfen niemals mit dem Auge in Kontakt kommen. Es brennt fürchterlich. Wem es doch versehentlich einmal passiert, der spüle es mit sehr viel Wasser aus. Fenchel ist ein Augenheilkraut. Man wendet es bei hartnäckigen Lidentzündungen, Augenentzündungen, schlechtem Sehvermögen und dem „Punkte vor Augen-Sehen" an.
Bei der sehr schmerzhaften Bindehautentzündung können Kompressen mit echtem Rosenwasser in Verdünnung 1 zu 3 Teilen lauwarmem Wasser Erleichterung schaffen.
Ein Tupfer Lavendel rechts und links an den Schläfen punktförmig leicht einmassieren, beruhigt die Nerven. Dazu: Drei Tage keinen Fisch, keine Eier, keine Butter essen (alte Regel). Für alle Fälle zuerst den Naturarzt aufsuchen.
- 5 Tr. Fenchel oder Lavendel in warmes Wasser für die Augenkompresse. Rosenwasserkompresse mehrmals täglich und viel ruhen.

Auraschutz (nicht nur wichtig für Therapeuten): Die am Solarplexus durchlöcherte Aura (dort spüren wir die Stiche) dichten wir ab mit:
- einigen Tr. Patschuli in Öl oder pur – sanft einreiben.
- Lavendel mit Muskatellersalbei und Weihrauch, je 3 Tr. in 10 ml Basisöl, in die Kontaktpunkte (Hände, Arme, etc.) einmassieren. Diese Mischung kann auch in der Duftlampe (natürlich ohne das Basisöl) im Behandlungsraum verdampfen.

Babyhautpflege: Zarte Babyhaut braucht sanfte Mittel. Auf die Ernährung achten, Kinder reagieren sehr direkt und sichtbar auf ein Zuviel von etwas.
- Um die äußerlichen Symptome zu lindern, ist Lotion Chamilla fantastisch. Sie enthält das ätherische Öl der röm. Kamille, mit einer ganzen Reihe natürlicher, sehr hautfreundlicher fetter Öle,

- mit Rosenwasser die Haut betupfen, es tut dem Baby und der Mutti spürbar gut.

Bäder: Ein Bad nehmen zur Entspannung und zum Sammeln von Energien.
- 10 Tr. ätherisches Öl, vermischt mit einem Emulgator (Honig, Sahne, fettes Öl), in das heiße Badewasser geben.
- Stimulierend: Bitterorange, Rosmarin, schwarzer Pfeffer, Ylang-Ylang, Zitrone, Wacholderbeeren,
- stimulierend und erfrischend zugleich: Ein Honig-Sahne-Zitronen-Bad. 10 Tr. Zitrone im Emulgator auflösen und ins Badewasser geben.
- Beruhigend: Basilikum, Lavendel, Sandelholz, Thymian.
  10 Tr. Lavendel und 2 Tr. Rose beruhigen und harmonisieren die Energien.
- Ausgleichend: Bergamotte, Melisse, Rose.
- Wohltuend und ausgleichend für Körper und Psyche:
  Orangen-Essig als Badezusatz: Auf 1/2 Liter Essig 20 Tr. Orange geben.
- Rheuma-Bad: je 3 Tr. Wacholderholz, Fichte und Zirbelkiefer mengen und ins Badewasser mischen, wirkt stark durchwärmend, zwei Hände Meersalz dazu.

Bindegewebe: Regelmäßige, sanfte Einreibungen mit Lemongrass-Öl, dem „Bindegewebsöl“. Das Bindegewebe wird gefestigt und die Abwehrfunktion gestärkt. Die Haut wird samtweich. Tierische Eiweißprodukte meiden, da sich die Eiweißabfallprodukte im mittleren Bindegewebe ansammeln (s. Literaturhinweis Lothar Wendt). Lemongrass dient außerdem als Vorbeugung gegen Krampfadern. Auch Zitrone strafft das Bindegewebe und beugt Falten vor.
- Auf 50 ml Mandel- oder Jojobaöl 20 Tr. Lemongrass.
- 50 ml Jojoba-Öl und 50 ml Weizenkeimöl, 10 Tr. Rosenholz, Lemongrass oder Orange und 5 Tr. Rose, Zitrone oder Zypresse. Diese Öle haben eine straffende Wirkung auf schlaffes Bindegewebe.
- In dieser Kombination können diese Öle auch als Badezusatz verwendet werden.
- Einige Tr. pur Zitrone und Orange eignen sich auch für die Zahnfleischmassage.

Blähungen: Kümmel und Koriander als „heiße Samen“ vertreiben Blähungen, indem sie die Unterleibsorgane wärmen und kräftigen. Ein

feuchtwarmer Leibwickel mit Lavendel oder eine schöne Bauchmassage entspannen den ganzen Leib.
- Je 4 Tr. Koriander und Kümmel oder Karotte in 20 ml Basisöl, einreiben.
- 10 Tr. Lavendel mit 20 ml Basisöl.

Blasenentzündung: Bancha-Tee trinken und tierisches Eiweiß solange meiden, bis die Entzündung vollkommen abgeklungen ist. Sitzbad in Bergamotte, Wacholderzweige, Naturarzt!
- Auf 10 l körperwarmes Wasser (immer warm nachfüllen) je 15 Tropfen ätherisches Öl. Bergamotte und Wacholderzweige, sehr angenehm für alle Unterleibsorgane. Muladhara-Chakra mit Sandelholzöl leicht kreisend massieren.

Blasenschwäche: Sandelholz, Wacholderzweige, Rosmarin off.,
- jeweils zwei Tropfen Sandelholz, Wacholderzweige, Rosmarin off. auf 10 ml Mandelöl, die Blasengegend und das Kreuzbein einreiben.
- Für warme Füße sorgen, mit Aromaöl täglich einmassieren.

Blutdruck: Bei zu niedrigem Blutdruck wirken einige Düfte zusammenziehend auf Gewebe- und Gefäße.
- Anregend: Rosmarin und Muskatnuß je 10 Tr. in 30 ml Basisöl regelmäßig einmassieren.
- Normalisieren: 10 Tr. Lavendel gemischt mit 10 ml Basisöl um die Herzgegend einreiben.

Bluterguß, blaue Flecken: Schmerzhafte Blutergüsse bzw. Blutansammlungen durch Unfälle etc. behandeln wir so:
- Lotion Chamilla, Lavendel pur auf die Schmerzstellen. Einreiben und verbinden.
- Auch 10 Tr. Rosmarin in 10 ml Basisöl so oft wie möglich einreiben hilft.
- Rosmarin-Massage-Öl fördert Durchblutung und läßt Blutergüsse schneller abheilen
- Innerlich: Traumeel-Tabletten von Heel, bauen zerstörtes Gewebe ab und helfen bei der Regeneration, stündlich 4 Tabletten einnehmen.

Bronchitis: besonders während der Übergangszeit, Herbst und Frühjahr, vorbeugend Rücken und Brustpartie einreiben.
- Eukalyptus glob., Cajeput, Kiefer, Thymian thym., Niaouli, grüne Myrte, jeweils 10 Tropfen auf 20 ml Mandelöl äußerlich Brust und Rücken einreiben.

- Inhalieren: Zwei bis drei Tropfen Essenz auf eine Schüssel heißes Wasser.
- Sandelholzessenz mit Öl mischen, Brust und Rücken einmassieren, erleichtert das Atmen, riecht sehr angenehm und beruhigt die Nerven.
- Kinder lieben die canadische Balsamtanne, damit ein Öl bereiten und zart einreiben.

Büstenpflege: Die frischen Citrusöle eignen sich am besten durch ihre straffende Wirkung auf kollagene Fasern. Grüne Zitrone, Lemongrass, Bitterorangenschale, Bergamotte. Tägliche behutsame Einreibungen mit einem dieser Öle oder einer Mischung,
- auf 30 ml Mandel- oder Haselnußöl 10 Tropfen Essenz nach Sympathie, regelmäßig einmassieren.

Cellulite: (Orangenhaut) regelmäßige, sanfte Einreibungen mit Lemongrass-Öl, dem „Bindegewebsöl". Das Bindegewebe wird gefestigt und die Abwehrfunktion gefördert. Die Haut wird samtweich. Tierische Eiweißprodukte meiden, da sich die Eiweißabbau-Produkte im mittleren Bindegewebe ansammeln (siehe Lothar Wendt „Die Eiweißspeicher-Krankheiten" Haug Verlag).
- Auf 50 ml Mandel- oder Jojoba-Öl 20 Tropfen Lemongrass.
- Ins Bad 20 Tropfen süße Orangenessenz, hilft entschlacken.

Denksport: sich konzentrieren, nach einem Wort suchen.
- Ein Tropfen Rosmarin verb., Pfefferminze oder Thymian thym. (für höchste Ansprüche) auf ein Tuch und öfter daran riechen.

Depression: Ursachen ergründen. Blutbild? Lieblingsduft riechen und bei sich tragen. Z. B.
- Essenz von Bergamotte, Neroli, Jasmin, Blutorange oder Sandelholz erheben das Gemüt. Öfter einen Tropfen riechen.

Diabetes: Begleitend zur (schon vorhandenen?) Therapie. Eukalyptus citr., Geranium grav., Rosmarin verb.,
- je fünf Tropfen Essenz auf 20 ml Mandelöl. Sanfte Massage des Solarplexus, (Sonnengeflecht) Manipura-Surya-Chakra, positiv Denken.

Durchblutung: Ätherische Öle wirken energieanregend und wachstumsfördernd. Sie aktivieren das Zentriol (Zentralkörperchen der Zelle, die die Teilungs- und Vermehrungsvorgänge einleiten und steuern). Stoffwechselschlacken werden schneller abgebaut und ausgeschieden.

- Z. B. Bergamotte, Zitrone, Rosmarin verbenon mit Mandel-, Jojoba- oder Haselnuß-Öl, auf 30 ml Basisöl 20 Tr. ätherisches Öl.
- Bei starken Muskel- und rheumatischen Schmerzen: Majoran bzw. Eukalyptus (3 Tr. auf 20 ml Basisöl) einreiben.
- Bitterorange verbessert die arterielle Blutzirkulation, zusammen mit Immortelle wirkt sie blutverflüssigend und somit vorbeugend bei Krampfadern. Je 5 Tropfen auf 30 ml Basisöl und einreiben.
- Geranium regt die Hormonproduktion der Nebenniere an und fördert so die Durchblutung (Dosierung s. o.).
- Bei schlechter oder mangelnder Durchblutung der Extremitäten ist Angelika von anregender Natur: 5 Tr. in 10 ml Basisöl und gut einmassieren, oder in Voll- bzw. Teilbädern mischen.
- Zirkulationsstörungen, gepaart mit „kaltem Schwitzen" der Füße, können mit einigen Tropfen Rosmarin im Bad oder als Massage-Öl-Beigabe (Beseitigung von Energieblockaden) gebessert werden; oft wiederholen!
- Für die Kopfdurchblutung kennen wir das Rosmarin-Haarwasser.

Durchfall: Bei akuten und auch chronischen Durchfallserkrankungen hilft Bergbohnenkraut. Die die Verdauungs-Peristaltik regulierende Wirkung verdankt das Bergbohnenkraut vor allem dem Phenol Carvacrol (35–50%). Bergbohnenkraut ist auch bei Dickdarmentzündungen (Colitis) zu empfehlen.

- 1 Tr. in die Duftlampe oder 5 Tr. auf 20 ml Basisöl für Bauchmassagen.
- Innerlich: 1 Messerspitze Denti von Lima (Bioladen oder Reformhaus).

Einschlafen: s. Entspannung

Ekzem: s. Haut

Entspannung: Lavendel ist ein natürliches Beruhigungsmittel, es entspannt den gesamten Organismus und baut Streß ab. Die Bettruhe wird mit Lavendel vorbereitet, da es die Nerven sanft berührt.

- 3 Tr. Lavendel in die Duftlampe oder in die an der Heizung hängenden Wasserbehälter geben

- 1 Tr. Lavendel oder Melisse veritable auf das Kopfkissen morgens schon.
- Ein auf die Nachtruhe vorbereitendes Fichtennadel-Bad: 10 Tr. Fichte und 1 Tr. Tanne mit einem Emulgator vermischt ins einlaufende Wasser geben (s. a. Bäder).
- 1 Tr. Rose auf das Herzchakra geben – wirksam, aber teuer.

Entwässern: Über die Haut mit Lemongrass-Öl (Mischung siehe unter Cellulite). Massagerichtung über die Lymphbahnen zum Ableiten und Entwässern. Alternde Haut wird erfrischt und belebt. Insgesamt ein Verjüngungsgefühl. Aroma-Massage wird empfohlen.

Entzündung, äußerlich: Ein stark entzündungshemmender Wirkstoff ist das blaue Azulen, vorkommend in den ätherischen Ölen der blauen Kamille. Blau steht im Farbspektrum der Farbe Rot (Rot = Farbe der Entzündung) gegenüber.
- Hautöl selber herstellen mit 5 Tr. blauer Kamille und 5 Tr. Lavendel in 20 ml Basisöl
- Berg-Lavendel so schnell es geht pur einreiben – verhindert spätere Komplikationen.
- Im Mund-, Zahnfleisch- und Halsbereich ist römische Kamille zu empfehlen. 1 Tr. pur einreiben, oder in 20 ml Basisöl 10 Tr.
  Auch Myrrhe hilft gut bei heißen Entzündungen.

Erden, sich: Zeitweise haben wir das Gefühl, in Gedanken von der Erde abzuheben. Die indische Narde schützt uns und bringt uns sicher zur Erde zurück. Leichte Herz- und Solarplexus-Massagen tun gut und stärken unsere Mitte, das Manipura-Surya-Chakra.

Erkältung: Wir erkälten uns, wenn die sog. „Windeingangspforten" am Hals, an den Handgelenken und an den Fußknöcheln zu lange kaltem Wind oder Nässe ausgesetzt waren. Darum vorbeugend diese Körperstellen schützen vor Wettereinflüssen. Wen es doch erwischt:
- Teebaum, Pfefferminze, Eukalyptus citriodora und mildes Nasenöl (Sunarôm-Produkt), je 5 Tr. auf 20 ml Mandelöl täglich die innereNase einreiben, Brust und Rücken hiermit massieren. Diese Düfte auch in der Duftlampe gebrauchen.
- Inhalieren: 2–5 Tr. dieser Düfte auf eine Schüssel oder Tasse mit heißem Wasser, Kopf bedecken und tief einatmen.

- Feuchtwarme Halswickel mit verdünntem Zitronen-Öl lindern Halsentzündung, 10 Tr. Zitrone in Kompressen-Wasser.

Erotisierend: Die typisch indischen Düfte gelten als aphrodisierend, das Lustgefühl steigernd.
- Jasmin, Narde, Patschuli, Sandelholz oder Ylang-Ylang tropfenweise (je nach Geschmack) der Duftlampe oder dem erwärmten Massage-Öl zugeben.

Erste Hilfe: Bis zum Eintreffen eines Arztes:
- 1 Tr. Pfefferminz, Rosmarin oder Basilikum auf das Innere der Handfläche reiben und einatmen. Ist dies nicht möglich, erfüllt ein beträufeltes Taschentuch dieselbe Funktion.
- Wer von Kopfschmerzen überfallen wird, kann sich schnell helfen mit je 1 Tr. Pfefferminze auf Stirn und Schläfen eingerieben (s. a. Kopfschmerzen).

Erwärmend: Rosmarin enthält große Mengen Wasserstoff, eine der wärmeverwandtesten Substanzen der Erde (n. Pelikan). Massagen mit Rosmarinöl am Morgen vertreiben die Müdigkeit und geben Schwung. Z. B. das bekannte Rosmarin-Haarwasser (Weleda) wirkt anregend auf die Durchblutung der Kopfhaut.
- Rosmarin off., Oreganum, Wacholder Beeren und Zweige als Aromabad

Fähigkeiten: Talente oder verliehene Geistesgaben erwecken wir mit einem passenden Duft, der zu uns gehört. Es wird solange probiert, bis wir den Impuls in allen Zellen spüren. Aus allen Bereichen dürfen wir wählen.
- Kostbare Blüten, Edelhölzer, Nadelhölzer, Gewürznoten, Samenarten, die Zitrusfrüchte und- Schalen stehen zur Verfügung.

Falten: s. Haut

Fieber: Fieber ist zunächst eine wichtige, starke Abwehrreaktion des Körpers. Nur in Notfällen sollte Fieber künstlich unterdrückt werden.
Fieber ist eine Reinigung. Durch die Erhöhung der Körpertemperatur werden krankheitsauslösende Bakterien getötet. Es ist daher sinnvoll, den Körper zu unterstützen, das Fieber so gut wie möglich auszuhalten. Ätherische Öle waren seit jeher und noch heute gute Hilfsmittel dafür.

- Fiebersenken mit Wadenwickeln, je 10 Tr. Bergamotte, Birke, Koriander oder Zitrone zufügen.
- Kalte Wadenwickel mit Eukalyptus bei fieberhaften Infektionskrankheiten (kühlt den Körper).
- Senkend und schweißtreibend wirkt Citronella, dem Wickel zugefügt.
- Ayurvedische Medizin gebraucht Sandelholz für die Kühlung der äußeren Hitze.
- Innerlich: Kuzu-Suppe (Bioladen/Reformhaus) mit 1 TL Tamari (Sojasauce).

Flechte, trocken: Baden in Meerwasser (kann zu Hause mit gutem Bade-Meersalz bereitet werden), danach Einreiben mit Aromaöl.
- Auf 30 ml Mandelöl fünf Tropfen Rosengeranie, äußerlich, LOTION CHAMILLA (Fertigprodukt Sunarôm).

Flöhe (Hunde, Katzen, Pflanzen): Wenn Flöhe im Haus sind, bleiben sie auf ihrem Wirt. Hunde-/Katzenkorb zweimal pro Woche behandeln, das Tier selbst mit dieser Mischung regelmäßig, mindestens jedoch dreimal pro Woche einreiben.
- Auf 100 ml Wasser je 20 Tr. Pfefferminze, Lavandin und Teebaum versprühen.
- Parasitenshampoo für Hunde (Sunarôm-Produkt).

Furunkel: Naturarzt! Daneben die in der Nähe liegenden Lymphbahnen mit Aromaöl **sehr vorsichtig** einmassieren.
- Auf 10 ml Mandel- oder Jojobaöl zwei Tropfen Pfefferminze oder Speiklavendel, tierisches Eiweiß solange meiden.

Füße: Hände und Füße sind wichtige Wächter der Gesundheit. Sie sollten immer warm gehalten werden, vor allem in den kalten Jahreszeiten. Menschen mit chronisch kalten Gliedmaßen müssen prüfen lassen, ob nicht organische Ursachen vorliegen (man beachte die Fußreflexzonen). Ein altorientalisches Mittel: Morgens heißes Wasser trinken. Es wärmt, reinigt und heilt den ganzen Organismus.
- Fuß-Bäder mit 3–5 Tr. Ingwer, Rosmarin, Wacholder oder Zimt auf eine Schüssel heißes Wasser. Anschließend mit wärmendem Aromaöl einreiben.
- Fußpilz wird täglich eingerieben mit einer Mischung aus je 10 Tr. Teebaum und Thymian thuyanol sowie 5 Tr. Lavandin auf 50 ml Jojoba-Öl.

Gallenblase: Naturarzt! Die Beschwerden der Gallenblase können Entzündung, Krämpfe, Gallensteine und Koliken sein.

- 2 bis 3 TL Sesamsalz entkrampft.
- Bei Krämpfen heiße Kompresse mit 5 Tr. Immortelle, Muskatellersalbei oder Melisse, wirkt gleichzeitig verdauungsregulierend und anregend auf Galle und Leber.
- Das ätherische Pfefferminz-Öl regt die Gallenabsonderung an und ist deshalb bei Krämpfen und Gallensteinen – nicht über längere Zeit – anzuwenden. Äußerlich 5 Tr. in heißes Kompressenwasser.
- Mit verdünntem, warmem Kamillen-Öl ist eine Massage bei Kolik sehr angenehm und schmerzlindernd.
- Basilikum ist ein „Anti-Streß-Öl". 3 Tr. in 10 ml Basisöl entlang der Wirbelsäule, die Gallenblasen-Meridiane (rund um das Ohr hinunterlaufend zum Nacken) massieren. Basilikum pur öfter 1 Tr. tief einatmen.

Geburtshilfe: liebevoll ausgesuchte Düfte entspannen die werdende Mutter. Sie muß viel und intensiv atmen, daher dosieren wir vorsichtig die Duftgabe, die ihr die liebste ist.

- Eine sanfte Fußmassage mit Orangenöl oder einige Tropfen in der Aromalampe sorgen für eine angenehme Atmosphäre, wenn ein neuer Erdenmensch erwartet wird. Lektüre: Aivanhov: Die Erziehung beginnt vor der Geburt.

Gedächtnishilfe: Wiedererkannte Düfte dienen der Erinnerung. Ausgeprägte Düfte wie Rosmarin, Minze, Lavendel, Salbei und Thymian wirken nachhaltig und können spontan längst Vergessenes aus dem Gedächtnisspeicher aktualisieren.

- Ein Tropfen Essenz nach Wahl, öfter riechen.

Geistige Reife: folgt der körperlichen in der Lebensmitte. Wir achten mehr auf die Qualität der Nahrung, der Kleidung und „kein LEBEN ohne Duft", auf inspirierende Düfte, die das genetisch angelegte Lebensmodell auf dem Weg zur Vollkommenheit entwickeln helfen.

- Petit Grain, die Bitterorange, mit Blatt und Frucht, Lavendel, neue Ernte, oder Salbei off. sind der Tropfen für das Leben.

Genitalpilz: s. Haut

Geruchsverlust: Viele Menschen leiden an der Einschränkung oder schlimmer noch, dem totalen Geruchsverlust. Der Körper äußerte „Ich hab' die Nase voll", und statt sein Leben aktiv zu verändern, sind mit unzähligen Nasensprays und Tabletten die Schleimhäute ausgedörrt und dauerhaft „riechtot" gemacht worden. Mit pflanzlicher Ernährung und der regelmäßigen Anwendung bestimmter ätherischer Öle können Geruchsnerven reaktiviert werden.

- 10 Tr. Basilikum oder Cajeput in 10 ml Basisöl mischen und täglich mit einem Wattestäbchen vorsichtig die Nasengänge saubermachen.
- Diese zwei ätherischen Öle auch tagsüber in der Duftlampe gebrauchen. Innerlich: Folsäuretabletten (Co-Enzym) sowie Haferschleimsuppe ohne Milch.

Gewaltlosigkeit hat mit Energie zu tun. Gewaltpotential auf eine höhere Ebene transformiert ergibt Gewaltlosigkeit im weitesten Sinne. Unser Tun verlangt Energie und Mut, beides Marskräfte, die für friedliche Zwecke schöpferisch wirken.

- Der Duft von Lorbeer, Thymian thym. und Ravensara beinhaltet Edelmut und Vernunft.

Gicht: s. Rheuma

Gleichgewicht, seelisches. Nach indogermanischem Wissen erreichen uns feinstoffliche, unsichtbare Schwingungen (sanskr. Tattwa heißt Bewegung), die sich von Sonnenaufgang an in rhythmischen Intervallen von zwei Stunden im Weltall bemerkbar machen und uns mehr oder weniger fühlbar beeinflussen (nach Dr.H. Wehner). Überbrücken lassen sich diese Wechsel mit

- römischer Kamille, echter Melisse, Neroliblüte, ab und zu einen Tropfen tief einatmen. Einen Tropfen Weihrauch über dem dritten Auge verreiben, dazu eine Minute Meditation.

Gliedmaßen: Chronisch kalte Hände und Füße sind die Ursache vieler Kältekrankheiten. Wer Sport getrieben oder schwer gehoben hat, kann dem oft folgenden Muskelkater mit einem durchblutungsfördernden Massage-Öl zuvorkommen.

- Rosmarin bei kalten Gliedmaßen und Muskelkater, 10 Tr. in 10 ml Basisöl, kurz in Wasserbad erwärmen und einreiben.
- Fuß/Handbad: 5 Tr. Rosmarin in warmes Wasser.
- Lavendel löst Krämpfe und Lähmungen. Pur oder in einem Basisöl verdünnt einmassieren. Auf gleichmäßige Wärme achten.

Goldene Ader: altes Wort für Hämorrhoidalvene. Beschwerden an dieser Stelle betupft man mit

- Ingwerkompresse, möglichst heiß, 10 Tropfen Essenz auf eine kleine Schüssel Wasser. Öfter wiederholen. Sitzbäder mit Lavendel oder Zypresse helfen gut. Ernährung überwiegend pflanzlich. Zu empfehlen auch nach der Entbindung.

Grippe: s. Erkältung

Großzügigkeit: „Seid doch großzügig", sagte Omraam Mikhael Aivanhov eindringlich, dann verändert ihr euch und die Umwelt in jeder Beziehung. Die Natur kennt kein Sparpaket. Ein kleiner Duft kann Wunder bewirken, genau wie ein freundliches Wort; und das ist umsonst.

- Rose, Jasmin, Neroli, Sandelholz – die edlen Düfte verbreiten sofort Glücksgefühle mit nur einem Tropfen. Die Wirkung ist nachhaltig und wird im Gehirn gespeichert.

Gürtelrose (Herpes zoster): Eine sehr schmerzhafte, mit bläschenartigem Ausschlag einhergehende Hauterkrankung, die ihre Ursache im nervlich-psychischen Bereich hat. Lokalisiert ist sie über dem Solarplexusbereich, dem Surya- und Manipura-Chakra. Hier befindet sich die Eingangspforte für alle verletzenden, aber auch wohltuenden Energien von außerhalb, denen wir sehr oft schutzlos ausgeliefert sind. Die Gürtelrose ist also ein Hinweis des Körpers, daß hier (dauerhaft) das Gleichgewicht gestört ist. Dazu gehören unterdrückte Aggressionen, disharmonische häusliche oder Arbeitsatmosphäre, Kummer und Sorgen sowie eine permanent destruktive Lebenseinstellung.

Ätherische Öle helfen, die Symptome zu lindern, Ernährung (pflanzlich) säubert von innen, die Einstellung dem Leben gegenüber können wir nur selbst ändern.

- Harmonisierend wirken Rose pur oder 5 Tr. in 20 ml Jojoba-Öl vermengt einmassieren.
- (Rezept nach Maggie Tisserand): 1 Tr. Pfefferminze piperita auf 1 Liter Wasser in eine Flasche geben, gut verschließen und gut durchschütteln. Die Hälfte ausschütten, wieder gut schütteln, erneut Flasche füllen und gut schütteln. Mit Verhältnis 1/4 Tropfen auf 1 Liter Wasser sanft die betroffenen Stellen betupfen.
- 10 Tr. Geranium oder Teebaum mit 5 Tr. römischer Kamille in 30 ml Basisöl, regelmäßig einmassieren.

- Ravensara, Bitterorange, Fenchel und Wacholder sind die Öle des 3. Chakras. Je 3 Tr. in 30 ml Basisöl und den Nabelbereich damit einreiben, morgens und abends wiederholen.

Haare: Die Haare spiegeln den Ist-Zustand der Seele. Viele Menschen wünschen sich schöne Haare. Jeder Tag ist anders, immer aufs neue werden Haare gepflegt und frisiert. Haarausfall ist eine YIN-Krankheit, d. h., durch Erweiterung der Poren fallen Haare aus. Stark Yin-haltige Nahrung: Kaffee, Tomaten, tierische Milchprodukte. Ausgleich durch YANG-Nahrung schaffen: überwiegend Getreide und pflanzliche Kost.
- Abends je 2 Tr. Rosmarin und Basilikum auf 10 ml Mandelöl einmassieren, morgens auswaschen. Nach der Wäsche wenige Tropfen Patschuli auf der Kopfhaut verteilen, stärkt und verschönt das Haar, gut gegen Schuppen, Ekzem und Flechten (altindische Methode).
- Die Durchblutung und den Haarwuchs fördert Rosmarin. Einfach ein paar Tropfen der Spülung beigeben.
- Birke im Haarwasser (wenige Tropfen) fördert den Haarwuchs.

Halsschmerzen: s. Angina

Hämorrhoiden: s. Goldene Ader

Harmonisieren: Das Bedürfnis, seine Energien zu harmonisieren, ist abends am größten. Dies kann man allein oder mit einem Partner tun.
- Entspannungsmassage mit 30 ml erwärmtem Basisöl und 8 Tr. Rose.
- In der Duftlampe 3 Tr. Rose, Geranium, Orange, Thymian oder Ylang-Ylang, je nach Belieben.
- Ein Bad nehmen mit 6 Tr. Rose, 8 Tr. Lavendel auf 1 EL Emulgator (Honig, Sahne).

Haut: Das chinesische Sprichwort: „Du bist, was du ißt", trifft ganz besonders auf das größte unserer Organe zu, die Haut. Was die Verdauungsorgane nicht schaffen, wird über die Haut ausgeschieden. Ein erster Eindruck wird stark durch die Hautfarbe (nicht Rasse) geprägt. Die Haut kann Farbnuancen von weiß (Lunge-Dickdarm) über gelb (Magen-Milz-Bauchspeicheldrüse), rötlich (Herz-Dünndarm), blaugrün (Leber-Galle) und grau bzw. schwarz (Niere-Blase) aufweisen und auf diese Organe aufmerksam machen. Haut kann ein Spiegel der Seele sein.

Wenn „das Maß voll ist", können bei entsprechender Voraussetzung Akne, Ekzeme, Gürtelrosen, Entzündungen, Pilzbefall, Schuppenflechte, Herpeserkrankungen etc. die Folge sein. Naturärztliche Begleitung unter Einbeziehung der Ernährung und einer neuen Denkweise können auf Dauer Abhilfe schaffen.

Die Umstellung auf saubere, pflanzliche Kost sowie Anwendung von ätherischen Ölen können den Heilungsprozeß sehr beschleunigen. Die inneren Ursachen müssen allerdings von jedem einzelnen selbst ergründet werden und bestehende Lebenssituationen in Zukunft harmonischer gestaltet werden. Dazu gehört Mut und gesunde Eigenliebe. Sich nicht aufopfern!

- Alle Arten von Ekzemen bei jung und alt sowie entzündliche Hautpartien mit Lotion Chamilla (Sunarôm-Fertigprodukt) behandeln. Es enthält römische Kamille sowie wertvolle Basisöle.
- Trockene und faltige Haut regelmäßig mit Zitronen-Öl pflegen. Hierzu 15 Tr. Zitrone in 30 ml Jojoba, am besten Haselnußöl, mischen. Erfrischt auch den Geist.
- Die Haut regeneriert am besten mit Narde, dem Jesusöl. 15 Tr. Narde in 30 ml Mandel-, Jojoba- oder Haselnußöl geben. Diese Mischung dient der Wiederherstellung des physiologischen Gleichgewichts der Haut, regt die Durchblutung an und wirkt verjüngend.
- Sandelholz, Rose und Geranium sind die edlen Hautöle. Sie harmonisieren sowohl in der Hautcreme (einige Tr. der natürlichen Hautcreme zugefügt) als auch im Bad oder im Massage-Öl die gestreßte Haut, entspannen und glätten.
- Akne muß innerlich völlig auf Milchprodukte verzichten und äußerlich mit je 5 Tr. Rose und Teebaum in 20 ml Oliven- oder Mandelöl gemischt, behandelt werden. Diese Mischung hilft auch bei Schuppenflechte und Herpes.
- Herpes, sobald fühlbar, mit echter Melisse behandeln. Verdünnt in Salbe auftragen.
- Herpes: Teebaum oder Berg-Lavendel pur auftragen.
- Neroli, edel und teuer, fördert die Bildung neuer Hautzellen und ist so ein natürliches Hautverjüngungsmittel.
- Haut- und Genitalpilze mit purem Berg-Lavendel befeuchten. 10 Tr. Teebaum auf 10 ml Basisöl hilft auch bei Fußpilz. Alternativ auch Rosmarin probieren.
- Stark verdünnte Pfefferminze in einem Basisöl reinigt, klärt, tonisiert, entgiftet und entstaut die Haut. Für müde und unreine Haut daher besonders geeignet. Es wirkt außerdem antiseptisch. Durch den gesteigerten Lymphfluß aktiviert es auch die Abwehrfunktionen.

- Orange ist vielseitig und deshalb für alle Hautprobleme einzusetzen. Immer in Verdünnung gebrauchen.
- Bergamotte, ein begehrter Zusatz fürs eigene Massage-Öl, ist gut bei Dermatitis, Ekzemen und Herpes. Nicht vor einem Sonnenbad gebrauchen, es erhöht die Lichtempfindlichkeit der Haut.
- Hautverletzungen und schlecht heilende Wunden mit einer Salbe behandeln, der Lavendel oder Myrrhe zugefügt ist.
- Blaue Kamille, Immortelle und Ysop sind ebenfalls echte Hautregeneratoren, wahlweise 5 Tr. in 10 ml Basisöl mischen und regelmäßig einreiben.

Herzbereich: Das Herz symbolisiert die Liebe und das Gefühl. Bei Verletzungen in dieser Richtung hilft die Massage des ANAHATA (Herzchakra). Bei physischer Ursache: Naturarzt konsultieren!
- Zum Herzen gehende Düfte wie Jasmin, Rose, Neroli, Sandelholz, Narde, Lavendel, echte Melisse, Heiligenkraut. 1–2 Tr. eines dieser kostbaren Düfte, menge es mit 10 ml Jojoba-Öl. Damit das Herzchakra sanftkreisend einreiben.
- Begleitend dazu 1 Tr. in die Duftlampe geben.
- Anregend wirken Kiefer, Melisse, Rosmarin, Salbei und Thymian. 5–8 Tr. eines Dufts in 20 ml Basisöl, bzw. 3–4 Tr. in die Duftlampe.
- Lorbeer hilft Herzinfarkt vorbeugen, weil es die Herzkranzgefäße erweitert. 5 Tr. auf 10 ml Basisöl und regelmäßig einreiben.
- Die echte Melisse wird auch Herzkraut genannt. Sie ist gut bei Erregungszuständen, herzbedingten Einschlafstörungen, zu schnellem Herzschlag und Kurzatmigkeit.
- Melisse erfreut außerdem das Herz und vertreibt die Melancholie, es stärkt die Lebensgeister. 1 Tr. aufs Taschentuch und häufig einatmen. Bei Herzbeschwerden auch in Jojobaöl verdünnt direkt auf die Herzgegend auftragen.
- Orange hilft bei Herzbeschwerden nervöser Art (Duftlampe).
- Ylang-Ylang oder Basilikum und Majoran bei Herzrhythmusstörungen, je 2 Tr. auf 10 ml Basisöl.

Heuschnupfen: s. Allergien

Hexenschuß: angewärmtes Basisöl mit Sandelholzessenz mischen,
- auf 30 ml Mandel- oder Johanniskraut-Öl 15 Tropfen Essenz, und sehr sanft die schmerzenden Bereiche einreiben. Füße warm halten. Chiropraktik wird empfohlen.

Hormone: Nicht nur bei Frauen hat ein gestörter Hormonhaushalt nachhaltige Auswirkungen auf das allgemeine Wohlbefinden. Nur sind Frauen direkter betroffen, z. B. durch ausbleibende oder stark unregelmäßige Menstruation, die ein wichtiges System der Erneuerung darstellt. Ein gut funktionierendes Hormonsystem ist die Basis für eine stabile Gesundheit.

- Karotte und Geranium regen die Hormonproduktion in der Nebenniere an. Sich oft mit diesen Düften umgeben.
- Fenchel, Salbei oder Rosmarin tropfenweise in einem Massage-Öl auf dem Bauch eingerieben, hilft bei unregelmäßiger Menstruation.
- Zypresse bei Östrogen-Mangel und unregelmäßiger Periode.
- Kardamom wirkt unmittelbar auf ein gestörtes Hormonsystem ein, verdampfen oder dem Bad zugeben.
- S. auch „Klimakterium"

Husten: Es gibt viele verschiedene Arten von Husten. In erster Linie ist es wichtig, krampflösende Öle zu gebrauchen. Verschleimende Nahrungsmittel (Milchprodukte) meiden.

- Fenchel ist besonders bei Keuchhusten krampflösend. 10 Tr. in 20 ml Basisöl verrühren, erwärmen und einreiben, Brust und Rücken, mehrmals täglich, dies fördert die Durchblutung der Schleimhäute.
- Für alle Erkrankungen der Atemwege folgende Mischung selber herstellen: Auf 50 ml Jojobaöl je 1 Tr. Salbei (oder Thymian), Cistrose, Pfefferminze und Fenchel, je 2 Tr. Balsamtanne und Wacholderbeere, je 3 Tr. Rosmarin und Eukalyptus.
- Eukalyptus ist ein krampf- und schleimlösendes Mittel. Viel in der Duftlampe gebrauchen in Zeiten von Husten, Schnupfen, Heiserkeit.
- Innerlich: Propolis-Tabletten (Apotheke), Lotuswurzeltee (Bioladen).

Immunsystem: Ein intaktes Immunsystem vermittelt Selbstvertrauen. Wichtige Pfeiler sind gesunde Ernährung und positives Denken. Ein Immunsystem kann durch Krankheit, negative Gedanken, ermüdende Arbeit und unangenehmen Streß leiden. Dann muß es wieder aufgebaut und gestärkt werden, um den täglichen Anforderungen dieser neuen Zeitqualität standhalten zu können. Ätherische Öle sind zeitgemäße und zuverlässige Helfer.

- Ingwer und Karotte stärken das Immunsystem, in der Duftlampe je 2 Tr.

- Starke Abwehrdefizite behandeln mit 30 ml Olivenöl und je 2 Tr. Thymian, Teebaum, Zimt, Rosmarin, Kamille und Majoran. 2mal täglich Brust, Rücken und Arme einreiben.
- Lorbeer und Cajeput, beides Myrtengewächse, Zitrone und Koriander, Fichte und Johanniskraut sind stärkend bei chronischer Abwehrschwäche.
- Vorbeugend hilft Salbei in allen Formen. Tees, ätherisches Öl in die Duftlampe oder ins Massage-Öl, als Gewürz im Essen.

Impotenz: s. Erotisierend / s. Potenzschwäche

Infektionen: Zusätzlich zur naturärztlichen Betreuung können Teebaum, Thymian und Cajeput als bewährte ätherische Öle mit antiinfektiöser Wirkung eingesetzt werden.
- Die Luft regelmäßig reinigen mit o. g. Ölen.
- Massagen mit Bergamotte, 10 Tr. auf 30 ml Basisöl.
- Umschläge mit 10 Tr. Bergamotte auf 1/2 l warmes Wasser.

Insekten: Es gibt eine ganze Reihe Fertigprodukte zur Insektenabwehr. Ohne Nebenwirkungen für den Menschen können ätherische Öle und Essenzen sowohl vorbeugend als auch bei Stichen angewendet werden.
- Vorbeugend: „Anti-Insekt", ein Fertigprodukt von Sunarôm, eine Mischung verschiedener 100% reiner ätherischer Öle, die zum Versprühen mit Wasser verdünnt werden müssen. 10–15 Tr. äth. Öl auf 250 ml Wasser.
- Nelke und Anis anästhesieren Insekten.
- Bergamotte und Lavendel schrecken ebenfalls ab.
- Eine Mischung aus Sassafras (vertreibt Wespen) und Teebaum versprüht, hält die Luft insektenfrei.
- Patschouli und Lavendel gut gegen Motten. Je 2 Tr. auf ein Stoffsäckchen in den Kleiderschrank.
- Lavendel oder Salbei pur auf Bisse und Stiche geben. Häufig wiederholen. Teebaum zeigt gute Ergebnisse, wirkt neutralisierend und antibiotisch.

Ischialgien: Betroffen ist der Ischiasnerv im Lenden-Kreuzbeinbereich, der entzündet oder eingeklemmt sein kann und bis ins Bein schmerzhaft ausstrahlt. Sowohl die Nervenendpunkte als auch deren Bahnen berücksichtigen. Chiropraktik wird empfohlen. Regelmäßige Behandlung mit Aroma-Ölen. Viel Ruhe und Wärme.

- Betroffene Stelle mit 10 Tr. Fichte in 30 ml Basisöl einreiben, die Nervenbahnen mitbehandeln.
- Feuchtwarme Wickel mit einigen Tropfen Fenchel.
- Johanniskrautöl – erwärmt – direkt einreiben.
- Der stark beruhigende Lavendel ist schmerz- und krampflindernd, kann pur angewendet werden.
- Beifuß ist ebenfalls erwärmend, hoch verdünnt in Basisöl.

Kalte Füße: sind oft Ursache für organische Beschwerden. (Fußreflexzonenmassage), morgens heißes Wasser trinken, sowie

- Fußbäder mit Ingwer, Rosmarin, Wacholder oder Zimt; drei bis fünf Tropfen auf eine Schüssel heißes Wasser. Danach mit wärmendem Aroma-Öl einmassieren.

Klimakterium: große Zeit der Umstellung und Umwandlung mit z. T. erheblichen Begleiterscheinungen. Salbei und Muskatellersalbei enthalten pflanzliche Hormonspuren und können überbrücken helfen. Je nach Typ den richtigen Duft zum Riechen wählen,

- Ein Tropfen Salbei oder Muskatellersalbei auf der Hand verreiben, mehrmals am Tage, beruhigt die „Zustände" und inspiriert. Rosengeranie, Schafgarbe, rotes Sandelholz sowie Zypresse sind ebenfalls geeignet, die „Wechseljahre" besser zu ertragen.

Konzentration: Besonders unterwegs ist Konzentration lebenswichtig. Aber auch bei der Arbeit und im persönlichen Gespräch, beim Therapeuten und in der Schule. Zur Belebung und der Erfrischung dienen

- Lemongrass, Zitrone, grüne Minze (die Sanfte!), Geranium chin. und Ravensara. In der Duftlampe verströmen lassen oder im Duftflakon für unterwegs mitnehmen.

Kopfschmerzen: Der Kopf ist Yang, der Leib Yin (chin.), beides entspricht sich. Auf Ernährung achten (wonach treten spontan Schmerzen auf?).

- Sehr gut hilft Essenz Minze piperita oder Berg-Lavendel, einen Tropfen auf beide Schläfen.
- 21. Gallepunkt, kreisförmig einmassieren. Ätherische Öle wirken über die Haut. Alternativ auch Eukalyptus, Koriander oder Melisse anwenden.

Krampfadern: Venöse Stauungen in den Beinen deuten auf eine meist anlagebedingte Leberschwäche hin. Hier ist eine Umstellung der Ernährung ratsam, d. h. weniger tierisches Eiweiß, mehr pflanzliche Kost. Eine uralte und bewährte Methode ist das Ansetzen von Blutegeln, eigens für diesen Zweck gezüchtet und in Apotheken oder beim Heilpraktiker zu bestellen. Vorsichtige Massagen lindern Schmerzen.
WICHTIG: Nie direkt auf der Krampfader massieren, sondern um sie herum.

- Mit einer Mischung von 10 ml Mandelöl und 10 Tr. Zypresse täglich die Beine einreiben, von unten nach oben (gefäßstabilisierend).
- LOTION MORGENTAU (Fertigprodukt Sunarôm).
- Bäder mit Fichtenöl.
- Massagen mit der Trockenbürste, mit je 1 Tr. Zypresse und Zitrone beträufelt.
- Wacholderbeere, Salbei und Rosmarin regen die Durchblutung an, in einem Massage-Öl zu gleichen Teilen häufig einreiben.

Krämpfe: bei länger anhaltenden, Naturarzt! Sonst Einreibung mit Kümmel-, Lavendelöl oder LOTION CHAMILLA (Sunarômprodukt).

- Warmes Olivenöl mit etwas Salz gemischt entkrampft. Weitere krampflösende Öle: Anis, Bergamotte, Orange, Petit-Grain-Schale.

Krätze: Die Scabies, wie die Krätze medizinisch heißt, ist eine Hautinfektion mit Krätzemilben.

- 3 Tr. Kiefer auf 10 ml Jojobaöl, einreiben und häufig wiederholen.
- Die gleiche Mischung, nur mit Kümmel, ist gut für allgemein parasitäre Hauterscheinungen.
- Auch die gut hautverträgliche Rose kann mit 6 Tr. auf 10 ml Basisöl eingerieben werden.

Lähmungen: eingeschränkte Funktion (chin.)

- mit viel Geduld tägliche Einreibungen mit Aroma-Öl. Stärkt Nerven und Bindegewebe und fördert Besserung der gestörten Funktion. Gut geeignet sind Angelika, Majoran, Lavendel sowie LOTION CHAMILLA. Warme Aromabäder.

Launisch: von Luna = der Mond. Mondphasen können wechselnde Gemütsstimmungen hervorbringen. Abhilfe schaffen

- süße Orange, Blutorange, Bergamotte, Zitrone, Mandarine. Ein Tropfen auf die Hand und riechen, es genügt auch schon der Duft im

Raum. Das limbische System schaltet um und vertreibt die dunklen Wolken.

Läuse: Einreibungen oder Waschungen mit
- Lavendel-, Citronelle-, Patschuli-, Koriander-Öl, über Nacht einwirken lassen. Shampoo (Haarparasitenshampoo Bardeau, Sunarôm-Produkt).

Leber anregen: Sie muß in unserer Zeit viel verkraften und freut sich über anregende Aroma-Massagen. Viel heißes Wasser trinken (altpersisch).
- Geeignet sind Rosmarin verbenon, Rosengeranie und Zitrone. Für eine Massage 10 bis 20 ml fettes Öl (Mandel- oder Jojobaöl) mit 20 Tropfen Essenz nach Wahl beduften. Ein Öl-Umschlag über Nacht tut wohl.

Leistung: allgemein steigernd hilft Minze piperita, einen Tropfen verreiben.
- „Gesellschaft" leisten, Duft muß individuell passen, z. B. Petit-Grain edel (Blüte und Blatt) ist sehr verbindlich und mühelos. Bei Examen etc. Rosmarin verbenon, Ravensara, Bergamotte. Ein kleines Fläschchen dabei haben.

Lernen: s. Konzentration

Liebeskummer: s. Herz

Liebesöl: Neroliblüte und Jasmin, Rose und Sandelholz, Patschuli und Zedernholz. Liebesöle wirken leibhaft und sinnlich. Ihr Duft durchdringt und stärkt die Aura.
- Auf 50 ml Basis-Öl 20 Tropfen Essenz, die am besten gefällt.

Luftreinigung: inzwischen ein Hygieneproblem. Ätherische Öle helfen, die Raumluft rein zu halten und schützen vor Infekten.
- Zitrus- oder Nadeldüfte, Eukalyptus oder Minze piperita (verdünnt mit Wasser) versprühen oder in der Duftlampe.

Lustlos: 10 Minuten Düfte riechen und raten, wirken anregend auf die Lustorgane.

- Basilikum, Nelke, Dill, Wacholderbeeren und Wiesenkümmel, von der Nase zum Gehirn und weiter durch den Leib, geben dem ermüdeten Ätherleib den belebenden Impuls. Ein trauriger Mensch kann wieder lächeln.

Lymphdrüsenschwellung: s. Drüsen

Magenschwäche: oft Fermentschwäche.
- Basilikum, Koriander, Ackerminze, Oreganum helfen durch Riechen, ein Tropfen Essenz genügt.

Malaria, (ital. mal'aria = schlechte Luft), Sumpf-, Marsch-, Wechselfieber, übertragbar durch Fiebermücken, Gabelmücken (griech. Anopheles), besonders in warmen Ländern. Vorbeugend Schutz bietet nach Valnet:
- Eukalyptus globulus oder radiata. Mit fettem Öl mischen und den Körper damit einreiben sowie die Räume und Wände mit einer Mischung aus Wasser und Essenz aussprühen. Das vertreibt die Mücke.

Medialität: entwickeln mit ätherischen Ölen.
- Myrrhe, Weihrauch, Heiligenkraut, Zedernholz, Ravensara, jeweils nur einen Tropfen verreiben und tief nachspüren.

Meditation: Einfach nur meditieren, täglich und regelmäßg, gibt mehr Kraft und Kreativität für den ganzen Tag. Die Meditation begleiten wir mit angenehmen Düften:
- DC Reiki (ein Sunarôm-Produkt) mit Angelika, Patschuli, und anderen, die Tiefe ansprechenden ätherischen Ölen.

Melancholie: s. Erden, sich

Menstruation: übliche Beschwerden. Bauch, Rückenpartie und Füße massieren mit:
- Auf 30 ml Mandel- oder Jojobaöl 25 Tropfen Lavendel. Warm halten, möglichst Bettruhe. Innerlich: Lavendeltee, eine Prise Lavendelblüten auf zwei Tassen Wasser, leicht köcheln lassen und schluckweise trinken. Beruhigt und entspannt Solarplexus, Manipura-Surya-Chakra.

Migräne: Ursache klären, oft ernährungsbedingt oder zuviel Streß.
- Punktuelle Massage am Kopfbereich; Ajna-und Sahasrara-Chakras mit Rosmarin, Pfefferminze, Salbei, Cajeput. Ein Tropfen Essenz auf die Fingerspitzen.

Milchbildend:
- Anis, Dill, Fenchel, Karotte und Kümmel regen die Milchproduktion an. 2 Tr. auf 10 ml Basisöl und die Brust damit einreiben.

Müdigkeit: ganz normale Müdigkeit ist gegen 14 Uhr (Tageskrise). Bei permanenter Müdigkeit Blutbild kontrollieren lassen. Hb-Mangel?
- Pfefferminze, Lemongrass, grüne oder gelbe Zitrone in die Duftlampe
- oder ab und zu einen Tropfen Essenz riechen.

Nägel, Nagelbett: Nägel sind, ähnlich wie unsere Haut, ein Spiegel des Inneren. Starke Verholzungen deuten Darmkrankheiten an, und dort muß die Ursache gesucht werden. Die Nagelschau kann bei der Diagnosefindung helfen. Für schöne Nägel: regelmäßig Mandelöl einmassieren mit ein paar Tr. Zitrone.
- Ein entzündetes Nagelbett mit LOTION CHAMILLA (Sunarôm-Produkt) oder Johanniskrautöl einreiben.

Nase: Schnupfen oder Verschleimung der Nase und Nebenhöhlen sind sehr unangenehm, verursachen nicht nur Kopfschmerzen, sondern beeinträchtigen die Gesamtenergie. Cajeput, Ingwer, Minze, Eukalyptus und ähnliche Öle stehen zur Verfügung, um die Nase freizuhalten und der Verschleimung vorzubeugen.
- 3 Tr. Essenz nach Wahl in Inhalierwasser (so heiß wie möglich).
- 3 Tr. Eukalyptus oder Cajeput in die Duftlampe.
- 3 Tr. Cajeput mit 1 Tr. Minze in 10 ml Mandelöl mengen, vorsichtig mit Wattestäbchen die Nasengänge massieren.

Nasenbluten: Nasenbluten ist ein lästiges Übel, das in der Kindheit häufiger vorkommt. Die alten Hausmittel helfen meist (kalter Lappen in den Nacken).
- Wir empfehlen zusammenziehende Zitrone. 3 Tr. auf ein Taschentuch und soviel wie möglich einatmen, den Patienten hinlegen und kurze Zeit den kleinen Finger unterhalb des Nagels abbinden.

Negative Gedanken: Sie sind der Beginn aller chronischen Krankheiten. Darum jeden Tag bejahen, sich freuen, auf der Welt zu sein, und danken. Viele ätherische Öle helfen uns, die Gedankenlast zu erleichtern. Sie fliegt buchstäblich davon.

- Jasmin, Rose, Ylang-Ylang, Melisse, Neroli, Ravensara, Narde, aber auch Orange und Petit Grain edel verscheuchen die schweren Gedanken. Wenige Tr. in der Duftlampe.
- Wir gönnen uns eine Massage mit herrlich duftenden Ölen und fühlen uns wie im alten Orient.

Nervenschwäche: New Age (Wassermann-Zeitalter, Dauer 2160 Jahre) wird neben Saturn auch von Uranus, dem Nervenplaneten, beherrscht. Unsere Nervensysteme sind überlastet und brauchen Unterstützung. Kürzere Spannung- Entspannungs-Phasen einlegen.

- Lavendel, Angelika, Johanniskraut, Melisse, Sandelholz, Jasmin, Rose, Ylang-Ylang, Neroli, je nach Sympathie, öfter einen Tropfen auf die Hand geben und tief einatmen. Sich auf das Wesentliche konzentrieren.

Nervosität: s. Entspannung

Ohnmacht: Schnelles Handeln ist nötig. Schon 1 Tr. Pfefferminze zum Einatmen kann belebend wirken. Den Arzt rufen! Alle Kleidungsstücke lockern. Für frische Luft sorgen.

Ohrenschmerzen: Ohrenschmerzen, vor allem bei Kindern, sollten vom Naturarzt untersucht werden.

- Lindernd wirken 3 Tr. Lavendel, ins Ohr träufeln, vorsichtig!
- Oder einen Umschlag mit warmem Olivenöl außen um das Ohr herum, über Nacht.

Organe, geschwächte: mit Aromaöl von außen auf innere Organe einwirken. Ätherische Öle sind aufgrund ihrer Fettlöslichkeit in der Lage, am schnellsten in die Haut einzudringen. Eine echte Prophylaxe im Sinne einer Gesundheitspflege und Stärkung.

- Aromabäder wirken ganzheitlich. In heißes Wasser eine handvoll grobes Bade-Meersalz mit 20 Tropfen Essenz Wacholderzweige, Rosmarin oder Lavendel.

Pigmentflecken:

- Pigment- und Altersflecken können am besten mit einer Mischung von je 1 Tr. Zitrone und Wacholderholz auf 10 ml Basisöl täglich eingerieben werden.

Pilz: s. Haut

Potenzschwäche: nervlich, organisch oder streßbedingt, kann mit einem Wurzelöl „behandelt“ werden. Geeignet ist Vetiver- oder rotes Sandelholzöl.

- Gemischt werden 10 Tropfen Essenz nach Wahl mit 20 ml fettem Öl, Mandel oder Jojoba, zum Einmassieren von Kreuzbein und Bauchbereich, Muladhara -und Svadhisthana-Chakras. Regelmäßige Fußmassagen beleben und stärken den gesamten Unterleibs-und Verdauungsapparat.
- Für friedliche Atmosphäre sorgen.

Prellung: Je schneller die Prellung/Stauchung behandelt wird, desto weniger sind spätere Komplikationen oder langwierige Heilung zu erwarten.

- Prellung/Stauchung wieder und wieder mit purem Lavendel einmassieren.
- LOTION CHAMILLA als Umschlag, mehrmals täglich wechseln.

Pubertätsakne: s. Haut

Quetschung: s. Prellung

Raucherentwöhnung: Akupunktur wird angeboten. Unterstützend ätherische Öle, die den Rauchgeruch vertreiben; bei sich haben und öfter riechen. Bewährt haben sich, je nach Vorliebe, verschiedene Düfte:

- Sassafras, ein Lorbeergewächs, gibt sofort Luft, wurde von Shelbey als „Gegengift“ gegen Tabak entdeckt. Zitroneneukalyptus bietet energetischen Schutz. Pfefferminze läßt die Zigarette ganz vergessen.

Raumluft, mikrofein beduften: mit Duftlampe oder Diffuseur (in Frankreich sehr gebräuchlich, da die Duftmoleküle nicht zerstört werden). Die so aufgeladene Raumluft schützt mikrofein unser Immunsystem.

- Zur Verfügung stehen diverse Duftkomplexe, die extra für diesen Zweck komponiert worden sind. Nadel-, Zitrus- und Gewürzmischungen bei SUNARÔM und den Aroma-Adressen erhältlich.

Rekonvaleszenz: s. Immunsystem

Rheuma: Rheuma und Gicht sind vor allem bei älteren Menschen, in zunehmendem Maße jedoch auch bei jüngeren Menschen eine oft vorkommende Erkrankung des Bewegungsapparats. Die Ernährung muß auf pflanzlich – zumindest zeitweilig – umgestellt werden, um die Basis zu stärken. Äußerlich sind die ätherischen Öle ideal, um Schmerzen zu lindern. Doch die Krankheit will uns etwas sagen. Bewegung hat mit Flexibilität zu tun, und hieran mangelt es den meisten Rheuma-Kranken. Es geht also vor allem darum, die Einstellung zu verändern, hin zu Flexibilität und Anpassungsvermögen!

- Leichte Massage mit Aromaölen. Lavendel entspannt die Nerven, Rosmarin hilft durchbluten, Lemongrass regeneriert von außen. Auf 30 ml Mandel-, Jojoba- oder Haselnußöl 10–15 Tr. einer der o. g. Düfte oder eine Mischung von allen beigeben.
- Bei entzündlichem Rheuma eignet sich Wacholderbeer-Öl am besten. 10 Tr. auf 10 ml Basisöl, einreiben.
- Majoran fördert die Durchblutung, 3 Tr. auf 20 ml Basisöl, einreiben.

Roemheld (Zwerchfellhochstand) kann sehr unangenehm schmerzen. Astheniker (der schlanke, etwas schwachmuskulöse Typ) leiden bevorzugt. Fermentmangel beachten! Bewegung, Yoga und öfters an gewürzigen Düften riechen:

- Angelika, Basilikum, Dill, Fenchel, Estragon, Pfefferminze, Kümmel, jeweils nur einen Tropfen auf die Hand. Solarplexusgegend, Manipura-Surya-Chakra massieren, sehr angenehm für die ganze Bauchregion.

Schlaflosigkeit: s. Entspannung

Schnittwunde:

- Sofort nach dem Schnitt mit 1 Tr. purem Lavendel oder Berg-Bohnenkraut beträufeln. Bei Bedarf wiederholen.

Schnupfen: s. Erkältung

Schüchternheit: Jasmin ist die Blume schüchterner Frauen. Männer lieben Rosmarin.

- 1 Tr. Jasmin in 2 ml Jojoba-Öl und als Parfum anwenden. Ein Fläschchen Rosmarin im Gepäck haben.

Schulstreß: s. Entspannung

Schwäche der Verdauungsorgane, (Atonie), bei Mangel an vollwertiger Kost bzw. nach überstandenen Operationen regen wir mit leichten Aromamassagen in der Leibregion wieder an.

- Wilder Lavendel (auch bei Nervenschwäche), grüne Zitrone, Palmarosa, etwas Nelke in Mandelöl mischen. Auf 20 ml Mandelöl 10 bis 15 Tropfen Essenz-Mischung

Schwangerschaftsstreifen:

- Vor der Geburt regelmäßig mit purem Jojoba-Öl einmassieren, tut auch dem Kind gut, etwas süße Orange beimischen.
- Nach der Geburt ein Massage-Öl komponieren mit 2 Tr. Cistrose und 4 Tr. Karotte auf 10 ml Jojobaöl.

Sedativum, mildes: Lavendel vera, Lavandin, Sandelholz.

- Auf ein Tempotuch einen Tropfen und öfter riechen. Sehr entspannend für das Nervensystem. Sandelholz aus Mysore für gestreßte Europäer.

Stirn- und Nebenhöhlen: s. Nase

Streß: s. Entspannung

Träume: sich gedanklich einlassen auf schöne Träume.

- Ein Tropfen Sandelholz, Rose, Lavendel, Anis, Neroli oder Jasmin vor dem Einschlafen tief einatmen. Eine Schale mit Duftwasser neben das Bett stellen.

Überanstrengung: eine leichte Gesichtskompresse, mit der wir die Meridiane (Energiebahnen) des Magens, des Dickdarms, der Galle, der Blase und des Dünndarms erreichen.

- Ein bis zwei Tropfen der Essenzen Rose, Neroli, Basilikum oder Salbei in eine Schüssel warmes Wasser geben, öfter Kompresse anwenden.

Verbrennung: Lavendel ist das beste Erste Hilfe-Mittel bei Verbrennungen, Lavendel ist schmerzstillend und antiseptisch. Schnell angewendet, verheilt die Wunde in kürzester Zeit ohne Narben.

- Eine Mischung aus Teebaum und Lavendel erfüllt denselben heilenden Zweck und ist auch gut bei Sonnenbrand. Je 5 Tr. in 10 ml Basisöl.
- Die Pflanze Aloe-Vera verfügt in den Blättern über kühlende Eigenschaften. Blatt durchschneiden und die austretende Flüssigkeit direkt auf die Wunde.

- Zur Heilung schwerer Brandwunden verwenden einige Indianderstämme Balsamtanne, 5 Tr. auf 30 ml Basisöl, einreiben. Wir konsultieren einen Naturarzt.
- LOTION CHAMILLA als Umschlag und öfter wechseln.

Verdauung: Eine gesunde Verdauung ist lebenswichtig. Mit der Verdauung werden die meisten Gifte aus unserem Körper ausgeschieden. Wir genesen schneller bei regelmäßiger Verdauung. Dennoch haben viele Menschen gerade mit der Verdauung chronische Probleme. Verdauung heißt auch Loslassen! Liegt hier vielleicht das Problem? Kräuter essen, weißes Brot weglassen. Viel Ballaststoffe verarbeiten, morgens Müsli mit geschrotetem Leinsamen.
- Anis, Basilikum, Angelikawurzel, Dill, Fenchel, Gewürznelke, Ingwer, Kamille, Koriander, Kümmel, Muskatnuß, Rosmarin, Salbei, Thymian, Wacholder, Ysop, Zimt. Je nach Vorliebe können einige Tropfen miteinander komponiert oder, solo in 30 ml Basisöl gemengt, regelmäßig auf den Bauch gerieben werden.
- Bei Verstopfung hilft Rosmarin, 10 Tr. in 20 ml Basisöl vermischt und den Bauch häufig einreiben.
- Innerlich: Viel heißes Wasser trinken.

Verrenkung: s. Prellung

Verspannung: s. Entspannung

Warze/Wucherung:
- Täglich 1–2 Tr. einer Mischung auftragen aus Lavendel, Nelke, Teebaum und Zitrone. Anschließend die Warze/Wucherung mit einem Pflaster bedecken.
- Nachbehandlung nur noch Lavendel pur auftragen.

Wechseljahre: s. Klimakterium

Wunden: Wunden müssen schnell und gut versorgt werden, um Entzündungen etc. vorzubeugen. Große Wunden und solche, die genäht werden müssen (im Zweifel immer Arzt entscheiden lassen), sofort zum Arzt oder Krankenhaus.
- Wunde reinigen mit purem Lavendel oder Teebaum. Oder: 1 Tr. Teebaum mit 1 EL destilliertem Wasser mischen und Wunde säubern.
- Wunde mit purem Lavendel wieder und wieder beträufeln.

- Eine Heilsalbe mit 50 g Jojobaöl, 10 g Bienenwachs, 30 Tr. Lavendel oder römische Kamille und 10 Tr. Teebaum. Kurz erwärmen und im Kühlschrank kalt werden lassen. Kühle Aufbewahrung.
- Gewebezusammenziehende Cistrose in 1 : 10 Verdünnung mit Basisöl, einreiben.
- Bei infizierten Wunden hilft ätherisches Zitronenöl, das viel angenehmer ist als brennender frischer Zitronensaft.
- Jasmin (nur die beste Qualität), ist gewebserneuernd.

Zahnweh; bevor wir beim Zahnarzt sind, kann mit einigen Tropfen
- Teebaum, Nelke (ein bis zwei Tropfen) gelindert werden.

Zellulitis: s. Bindegewebe

Zwänge, innere: Bedingt durch Akutsituation oder angeboren. Starke Belastung unserer Nervensysteme gehören zum Alltag. Eine Hilfe können die Düfte sein. Im Miniflakon aus Edelmetall oder Glas haben wir rasch ein Lieblingsdüftchen zur Hand. Die Nerven brauchen diese feine Nahrung, die ihrer Sensibilität entsprechen.
- Angelika, Basilikum, Weihrauch, Ravensara (entspannt die Mitte), Immortelle, öfter einen Tropfen riechen.

Ätherische Öle und Essenzen – Kernsätze

Empfohlene Anwendung:

Riechen: Einen Tropfen auf dem Handrücken verreiben.

Inhalieren: In eine Schüssel oder Tasse heißes Wasser, je nach Essenz bzw. ätherischem Öl, 3 bis 5 Tropfen geben.

Massageöl: In 30 ml fettem Öl (Mandel, Jojoba, Nuß u. a.) ca. 5 bis 15 Tropfen Essenz bzw. ätherisches Öl mischen.

Angelika Herznerven stärkend (Einen Tropfen in der Mitte der Innenhand verreiben) bringt ins Gleichgewicht.

Anis setzt Sympathie voraus. Entspannt und erfrischt.

Balsamtanne schützt vor Infektion und lindert Atemwegserkrankungen (inhalieren), für die Sauna.

Basilikum macht den Kopf frei, erleichtert bei Völlegefühl, tief entspannend (Massage).

Beifuß gibt Konzentration. Verdünnt als Kompresse bei Hämorrhoiden, wärmend.

Bergamotte regt den Intellekt an, beflügelt in schwierigen Situationen.

Bergbohnenkraut stärkt die Willenskraft, stimuliert die Manneskraft und das Immunsystem.

Birke anregend, wohltuend in der Sauna, reinigend.

Bischofskraut löst gespannte Atmosphäre, als Massageöl belebend.

Bitterorange, Blatt tröstet bei Kummer, gibt neuen Lebensimpuls, macht liebevoll.

Bitterorange, Schale spontan gute Laune verbreitend, erfrischend und aktivierend, Massageöl.

Bitterorange, Blüte (Neroli) erste Hilfe bei Liebesmangel, schenkt Liebeslust, erotische Stimmung.

Borneol erleichtert das Atmen, gut bei Erschöpfung und Ohnmachtsneigung.

Cajeput wirkt bei festsitzendem Schnupfen als Massageöl, vorbeugend und lindernd.

Cistrose Wund- und Blutstillungsmittel, hauterneuernd durch tiefes Eindringen.

Dill löst Verkrampfungen, auch gedankliche, spornt an zu neuen Unternehmungen.

Eisenkraut aktiviert Kraftreserven, erlaubt konzentiertes Arbeiten, verfeinert Antennen.

Elemi regt verborgene Spiritualität an, reinigt die Atmosphäre, löst Vergangenes.

Eukalyptus globulus macht bereit zur Selbsterfahrung, von Individualisten bevorzugter Duft.

Eukalyptus radiata fördert Flexibilität, macht impulsbereit, empfänglich für Neues. Schützt vor Malaria (berichtet Dr. Karin de Silva, Sri Lanka).

Eukalyptus citriodora macht Atemwege frei, erleichtert bei Asthma, schützt vor Mücken, Fliegen, Insekten. Macht Taxifahrten erträglich.

Fenchel wärmend, beseitigt Völlegefühl, lindert Verkrampfung.

Fichte, schwarz milder Nadelduft, geeignet für Kinder mit Atemwegsbeschwerden.

Geranium, Rosen- stärkt Herz und Nerven, macht die Haut schöner und jünger.

Gewürznelke entspannt Nerven und Muskeln, kann helfen, die Geburt einzuleiten. Schmerzlindernd.

Heiligenkraut dringt tief ins Innere, heilt alte Wunden und die Psyche, fördert Neubeginn.

Immortelle vermittelt Erdverbundenheit, dringt intensiv ein, weckt Erinnerung.

Ingwer mit wenig viel erreichen, reinigt, entkrampft, entstaut, macht mutig.

Jasmin die Liebe selbst, trocknet Tränen, kann vergeben und vergessen.

Johanniskraut baut Depressive auf, heilt innerliche und äußerliche Wunden.

Kamille, römische beruhigt Nerven, lindert Schmerzen, besänftigt hitzige Gemüter.

Kamille, deutsche entspannt Sportlermuskeln, löst Verschleimung, desinfiziert Räume und kleine Wunden.

Kardamom regt die feinen Sinne an, macht Kopfarbeiter sensibler, entkrampft.

Karotte hautverjüngend im Massageöl, regt Diurese an, nervenstärkend.

Kiefer-Föhre mildes Atemöl, stärkt Immunsystem, schützt vor Ansteckung.

Meer-, Strandkiefer beugt Erkältung vor, kinderfreundlicher Duft.

Zirbelkiefer, Arve regt Durchblutung an, schützt vor Infektion, versorgt mit Sauerstoff.

Koriander wärmend, hilft bei Gedächtnisschwäche, fördert Leibdurchblutung.

Kreuzkümmel schärft das Urteilsvermögen, Ansporn zum Lernen und Neubeginn.

Kümmel, Wiesen- regt die Feinnervigkeit an, belebt den Verdauungskanal, löst Krämpfe.

Lavendel, vera Balsam für das strapazierte Nervenkostüm, die stille Heilerin, wundervoll.

Lavendel, Schopf- eindringliche Kopfnote, logisches Denkvermögen, wundheilend.

Lavendel, Speik- schmerzstillend (wie alle Lavendelarten), begleitet auf dem geistigen Pfad.

Lavandin regt auch Jüngere an und überzeugt durch seine heilende Wirkung.

Lebensbaum Warzenmittel, gutes Massageöl bei neuralgisch-rheumatischen Beschwerden.

Lemongrass verjüngt die Haut, beugt Cellulite vor, regeneriert von außen nach innen.

Lorbeer Intellekt anregend, Atemwege öffnend, Nerven stabilisierend.

Majoran stärkt psychisch-seelische Verfassung bei Mann und Frau, wirkt über das Gehirn.

Mandarine erweckt das Kind im Manne, erfreut Kinderherzen, verbreitet Heiterkeit.

Melisse, off. macht Herz und Geist heiter, zieht positive Gedanken an, besänftigt Aufgeregte.

Minze, Acker- keimtötend, luftreinigend, erfrischend. Vorbeugend bei Grippewellen.

Minze, grüne vertreibt die Müdigkeit, inspiriert; schnelle Hilfe bei kleinen Verletzungen.

Minze, Pfeffer- mit lieblichem Duft setzt sie den Überraschungsimpuls, ist unverwechselbar.

Muskatellersalbei unterstützt Nachdenkliche, erleichtert schwierige Lebensabschnitte. Androgyner Duft für Toleranz und Milde.

Muskatnuß Kreislauf und Gehirn anregend, im Massageöl bessert sie Neuralgien.

Myrrhe Heil- und Wundmittel, für gestreßte Stadtneurotiker. Alte symbolische Bedeutung zur Reinigung und Erneuerung. Geht tief ins Herz.

Myrte, rote wehrt Insekten ab, verbreitet Harmonie in Räumen, stärkt Immunsystem.

Myrte, grün feines Inhalationsöl, erleichtert bei Verschleimung und Katarrh.

Narde, indisch schenkt der Seele Frieden. Bekannt als Jesusöl, feines Herz- und Nervenöl.

Niaouli bei Pilzbefall und Flöhen einsetzbar, hilft bei Grippe, Rheuma, Neuralgien etc.

Orange, süße größter Beliebtheitsgrad bei Kindern und Erwachsenen, stimmt heiter und positiv.

Oregano Antiseptikum! Kleine Dosis reicht. Bessert Konzentration, erleichtert harte Arbeit.

Palmarosa hilft Wechseljahre überbrücken, gibt Gelassenheit und Optimismus, tröstet.

Pampelmuse baut Energie auf, motiviert Jugendliche und Kinder.

Patschuli für Liebhaber fernöstlicher Kultur. Erotische Ausstrahlung. Schützt Solarplexus.

Pfeffer, schwarz bei Völlegefühl, regt Kreislauf und Konzentration an. Als Massageöl wärmend.

Ravensara öffnet die Mitte, Massageöl entspannt Muskeln und Nerven. Baut Hoffnung auf.

Rose, damasc. Liebt selbstlos, man lernt sich lieben und vergeben. Macht großzügig und tolerant.

Rosenholz stimuliert bei psychischer Müdigkeit, anti-depressiv, fördert Kreativität.

Rosmarin, 1.8 Cineol das Herz kräftigend, sehr aufladend nach Streß, wundheilend, Haarwuchs fördernd.

Rosmarin, verbenon Mut und Intuition bewußt machend, versöhnungsbereit und mehr Offenheit.

Rosmarin, Kampher bei Altersschwäche, Atemwegsbeschwerden, Bewegungsarmut, Massagen.

Salbei holt letzte Kraftreserven hervor, erleichtert die zweite Lebenszeit, fördert das Lernen.

Sandelholz heilt inneren Kummer, gibt Liebe bedingungslos, kann Menschen verwandeln.

Sassafras begleitend bei Raucherentwöhnung, hält Wespen fern, lindert Schmerzen.

Schafgarbe kann das Herz bewegen, stimmt positiv und gelassen, als Massageöl entstauend.

Teebaum universelles Wund- und Heilmittel, einfach auftupfen.

Thymian, thymol höchst wirksames Anti-Infektionsmittel, Inhalieren bzw. als Nasenöl benutzen.

Tuberose edler Duft zum Verwöhnen, tröstet Einsame, lädt die Aura auf.

Vetiver regt Wurzelbereiche an, versöhnt mit der Erde, gibt innere Ruhe.

Wacholder, Beeren feines Nervenstimulans, besinnlich und phantasievoll. Wundheilend, entschlackend.

Wacholder, Zweige ins morgendliche Bad, schenkt Frische und gute Laune. Massageöl bei Speicherung.

Weihrauch reinigt Räume, unentbehrlich bei geistiger Arbeit, aktiviert Genialität.

Ylang-Ylang macht junge Liebe romantisch und reife Liebe zeitlos. Erweckt die Hingabefähigkeit.

Ysop dringt tief in die Psyche ein, erforscht Gedanken. Bildet Individualität.

Zedernholz wärmendes und beruhigendes Öl, ermöglicht Wachstum und Initiative.

Zimt, Blätter wirkt auf die Mitte, wärmt und weckt Vertrauen. Erleichtert schwere Arbeit.

Zimt, Rinde Konzentration auf ein Thema, macht Einsamkeit erträglich, gibt Magnetismus.

Zitrone, gelb und grün feiner Büroduft, saniert Nerven, reinigt die Atmosphäre, von allen geliebt.

Zypresse weckt Erinnerung, leitet Transformation ein und macht selbstbewußt.

Die Wirkung von ätherischen Ölen und Essenzen auf Chakras

(andere Schreibweise aus dem Indischen: „Tschakras")

Chakra ist ein Sanskritwort und bedeutet Rad. Die sieben Chakras des Menschen sind wirbelartige Zentren, radähnliche Öffnungen an der Oberfläche des Ätherkörpers – daher der direkte Zugang der ätherischen Öle. Die Chakras sind mit dem Ätherleib wie mit dem physischen Körper durch odisch-magnetisch-elektrische Strömungen miteinander verbunden (nach Franz Wenzel).
Von diesen Chakras geht ein wechselseitig durchdringendes Netzwerk ätherischer Kraftkanäle aus. Die Chakras regeln die durch den menschlichen Körper fließenden ätherischen Kraftströme.
Die Haut als „Mutter aller Sinnesorgane" ist das lebenspendende und verbindende Organ zwischen der unsichtbaren Innenwelt und der sichtbaren äußeren Umwelt. Die ätherischen Kraftzentren der Chakras können als die Verbindungsstellen zwischen den geistig-ätherischen Eigenschaften der geistigen Welt und dem physischen Funktionieren des menschlichen Körpers betrachtet werden.
In den Chakras wirken psychische Energien, die mit den tiefer gelegenen Körperschichten in Verbindung treten. Chakras sind bevorzugte Kontaktpunkte, wo sich der psychische Organismus in den energetischen integriert (n. Lysebeth).
Über die Haut gelangen durch Berührung, auch mittels eines Aromaöls, wärmende Gefühlsimpulse durch den ganzen Leib. Dabei nimmt die Solarplexusregion eine Sonderstellung ein, da sich hier die Eintrittspforte für verletzende Angriffe oder heilende Kräfte befindet (wir fühlen uns verletzt oder angenehm berührt).
Wird zum Beispiel ein Mensch beschimpft, füllt sich das Mentale mit Zorn. Dieser wirkt auf das Gehirnzentrum und auf die Chakras! Wir fühlen uns leer und elend. Die Solarplexusregion, wo sich dicht untereinander die beiden Chakras Manipura und Surya befinden, laden wir mit unseren Händen energetisch wieder auf. Am besten sind leicht kreisende Bewegungen der Hand über dieser Stelle. Nach jeder Behandlung die Hände kräftig ausschütteln und unter fließend kaltem Wasser abspülen.
Eine andere bereits erwähnte Möglichkeit ist, ein Aromaöl einzumassieren oder Edelsteine aufzulegen. Man kann auch alles miteinander kom-

binieren. Mit regelmäßigen magnetisierenden Aromamassagen in kreisender Bewegung kann diese sensible Körperstelle stabilisiert und vorbeugend besser geschützt werden.
Meine Freundin Heide Breitel war bei den mexikanischen Heilerinnen und erzählte mir, daß man dort diese beiden wichtigen Chakras schützt, indem mit beiden Händen von der Taille aus am Körper entlang zur Mitte „massiert" wird und damit die Chakras „verschlossen" werden. Wenn diese Übung regelmäßig wiederholt wird, baut sich ein natürlicher Schutzmantel auf, der unsere Aura zum Leuchten bringt.
Zahlreiche Heilpraktiker und alternativ tätige Therapeuten arbeiten mit der Chakra-Energie, mit Edelsteinen, Düften, Farben und Tönen.
Die Chakras strahlen in verschiedenen Farben (siehe farbige Abbildung).
Bei der Beschreibung der ätherischen Öle finden wir stichwortartig Hinweise auf die Hauptinhaltstoffe sowie auf ihre Beziehung zu den Chakras, Farben und Planeten.
Chakras existieren nur während des Lebens, deshalb sind sie nach dem Tode anatomisch nicht nachweisbar.

Die sieben Chakras

(Auswahl aus einer weitaus größeren Zahl)

Erstes Chakra: Muladhara (Wurzelchakra); Steißbeinlage, Element ERDE, Symbol QUADRAT
Im Indischen wird dieses Chakra mit dem Elefant assoziiert, einem der drei Lasttiere Kuh, Elefant und Pferd, die dem Menschen bei seiner schweren Arbeit dienen. Der physische Körper sowie alle praktischen Alltagsdinge stehen im Mittelpunkt des Lebens. Die Nase und das Riechen sind besonders gut ausgeprägt.

Der Sinn dieses Chakras ist: DIENEN

Zweites Chakra: Svadhisthana (Sakralchakra); Lage im Rückenmarkzentrum, Element WASSER, Symbol HALBMOND
Das Sakralchakra steht in enger Verbindung mit dem Ätherkörper. Es kommt vor, daß wir Schmerzen in diesem Bereich empfinden, ohne daß organisch etwas gefunden wird. Oft treten diese Beschwerden nach intensiver geistiger Arbeit auf, die wir an stark magnetischen Orten geleistet haben. Meist vergehen diese Symptome nach einer Weile wieder, sie sind aber ein Beweis, daß es den Ätherkörper tatsächlich gibt.

Die geistige Zuordnung heißt: FRIEDE UND WEISHEIT

Drittes Chakra: Manipura und Surya (Solarplexuszentrum); über der Milz, bzw. über dem Sonnengeflecht, Element FEUER, Symbol DREIECK
Diese beiden Chakras – oft werden sie als nur eines betrachtet – haben tiefgreifenden Einfluß auf unser Leben, denn sie steuern die feurigen, sonnigen Energien unseres Erdendaseins. Sie bilden unsere Mitte, aus der wir starkes Verlangen, Enthusiasmus und kreative Impulse empfangen. Diese Chakras müssen besonders geschützt werden.

Die seelische Zuordnung ist: MENSCHLICHE UND GÖTTLICHE LIEBE

Viertes Chakra: Anahata (Herzchakra); Lage im Bereich des Herzens, Element LUFT, Symbol SECHSECK-STERN
Mit der „Hand auf's Herz" zeigen wir eine angeborene Geste, die die Ich-Identität darstellt. Das Herzchakra steht in Verbingung mit Venus, dem Planeten der Harmonie, der Schönheit und des Gleichgewichts.

Saturn ist erhöht in der Waage (bei 23). Der neue Saturn, Mitregent des Wassermanns und polares Gegenüber des königlichen Löwen (Herzregent), verleiht ein zunehmendes Verantwortungsgefühl gegenüber dem Mitmenschen und der Natur, in der wir leben.
Nach Iyengar existiert ein weiteres kleines Chakra, MANAS, in der Herzgegend und bildet den Sitz des Gefühls, der Imagination und Kreativität. Das Handauflegen auf diesen Bereich beruhigt sehr schnell. Symbolisch verbinden wir uns mit dem Makrokosmos.

Die seelische Zuordnung: BRUDERSCHAFT

Fünftes Chakra: Visuddha (Kehlkopfchakra); Im Kehlbereich, Element ÄTHER, Symbol weißer, offener KREIS

In diesem Chakra wohnen Stimme und Klang. Beide dienen der Kommunikation. Am Klang der Stimme erkennen wir den momentanen Gemütszustand und ob ein Mensch mit seiner inneren göttlichen Quelle verbunden ist. Wir haben die Möglichkeit, durch Singen oder Sprechen zum Wohle des Planeten und des Universums hamonische Wellen in den Äther zu senden.

Der Sinn dieses Chakras: HÖREN UND LAUSCHEN

Sechstes Chakra: Ajna (Stirnchakra); zwischen den Augenbrauen, über der Stirnhöhle, Gedanken und Energie, Symbol DREIECK im Kreis

Das Stirnchakra wird auch „drittes Auge" genannt und ist der wichtigste Konzentrationspunkt bei der Meditation (Der Blick nach „innen"). Durch Auflegen einer Kristallsonne oder durch Betupfen mit einem Tropfen unseres Lieblingsöls (Weihrauch, Basilikum, Lavendel) vertieft sich die Energie. Im Sanskrit bedeutet Ajna Befehl, Weisung, Gebot und Auftrag.

Die seelische Zuordnung: HINGABE

Siebtes Chakra: Sahasrara (Kronen- oder Scheitel-Chakra); über der Mitte des Kopfes, Element GEIST, Symbol SCHALE DES TAUSENDBLÄTTRIGEN LOTUS

Dieses Chakra ist Sitz der höchsten Erhebung auf dem Haupt der menschlichen Gestalt. Wir fühlen hier die Temperatur und den Ton, den wir singen: Eine Resonanzkuppel, aus der die Töne in den Körper schwingen und ihn gesund erhalten. Heiliges Handauflegen auf dieser höchsten Stelle überträgt Gottes Segen. Der Sinn: spirituelle Entwicklung

Chakras sind Heiltore

Über die Chakras haben wir die Möglichkeit, an innere Organe und Organsysteme heranzukommen. Dank der Überlieferungen – besonders aus Indien und China – sind wir heute in der Lage, die Chakra-Energie heilbringend zu nutzen.

Chakras sind aber nicht nur Heiltore bei physisch bedingter Krankheit, sie führen uns auch geistig auf eine andere Ebene und ganz nebenbei entdecken wir immer mehr Zusammenhänge und Entsprechungen zum großen Universum.

Muladhara – Wurzelchakra an der Basis der Wirbelsäule, die ersten drei Wirbel

ätherisches Öl:	Sandelholz, Zedernholz, Vetiver, Zimtrinde, Nelke
Meridiane:	Blase, Dünndarm, Dickdarm
Körperorgane:	Füße, Haut, Sinne
Metall:	Eisen (Ferrum)
Lebensbaum:	Malkut, die Erde

Svadisthana – Sakralchakra Sexualbereich, Nervensystem

ätherisches Öl:	Zimtblätter, rote Myrte, Origanum, Rosengeranie
Meridiane:	Blase, Dünndarm, Dickdarm, Milz-Pankreas
Körperorgane:	Bauch, Genitalien, Drüsen, Hormone
Metall:	Quecksilber (Mercurius)
Lebensbaum:	Jesod, das Fundament

Manipura und Surya Solarplexuszentrum und Nabelbereich

ätherisches Öl:	Ravensara, Fenchel, Bitterorange, Wacholder
Meridiane:	Milz-Pankreas, Magen, Leber, Galle, Niere
Körperorgane:	Lunge, Zentrum der vegetativen Steuerung, Magen, Nieren
Metall:	Kupfer (Cuprum)
Lebensbaum:	Hod, die Herrlichkeit; Nezach, die Ewigkeit

Anahata – Herzchakra Herzzentrum, Zentrum des Brustkorbes, Sitz der Individualität

ätherisches Öl:	Gebirgslavendel, römische Kamille, Immortelle
Meridiane:	Magen, Leber, Galle, Herz, Lunge, Niere
Körperorgane:	Herz, Lunge, Bronchien, Zwerchfell
Metall:	Gold (Aurum)
Lebensbaum:	Tiferet, die Schönheit, das Wesen

Visuddha – Kehlkopfchakra Kehle gleich Seele, an der Basis der Kehle

ätherisches Öl:	Rosengeranie, Sandelholz, Schwarzfichte
Meridiane:	Herz, Lunge, Kreislauf, Drei-Erwärmer
Körperorgane:	Kehle, Hals, Halswirbel, Schilddrüse, Tonwerkzeuge
Metall:	Blei (Plumbum)
Lebensbaum:	Geburah, die Stärke und Hesed, die Güte

Ajna – Chakra, Drittes Auge für Auftrag, Befehl, Gebot und Weisung

ätherisches Öl:	Cistrose, Immortelle, Basilikum, Ysop
Meridiane:	Drei-Erwärmer, Galle, Kreislauf, Leber
Körperorgane:	Hemisphäre des Gehirns, Gesicht
Metall:	Silber (Argentum)
Lebensbaum:	Binah, kosmische Intelligenz und Chokhmah, die göttliche Weisheit

Sahasrara – Kronenchakra auf dem Scheitel, Sitz des höchsten Bewußtseins, des Ich bin

ätherisches Öl:	Ylang-Ylang, Rosenholz, Rosmarin verbenon
Meridiane:	alle 12 Meridiane
Körperorgane:	Kopf- und Kopfnerven, Haar
Metall:	Platin (Platinum)
Lebensbaum:	Kether, das allumfassende Licht

Bücher und Kursmaterial

Aivanhov, Omraam Mikhael. Das geistige Erwachen, Prosveta-Verlag, Frejus 1979.

Bardeau, Fabrice. Die Apotheke Gottes, Verlag Ullstein GmbH, Ulm 1983

Balz, Rodolphe. Ätherische Öle, Heilkräftige Essenzen, Windpferd Verlags-GmbH, Aitrang 1994.

Bohm, Werner. Chakras, O. W. Barth Verlag GmbH, Weilheim/Obb. 1966, 2. Auflage.

Büchli, Heinz. Die Neue Aromatherapie – Monographien –, fortlaufende Mappe.

Drury, Susan. Die Geheimnisse des Teebaums, Windpferd Verlags-GmbH, Aitrang 1994, 13. Auflage.

Ennet, Diether. Bi-Lexikon Heilpflanzen und Drogen, VEB Bibliographisches Institut Leipzig, Leipzig 1990.

Fischer-Rizzi, Susanne. Himmlische Düfte, Hugendubel, München 1990.

Gattefossé, René-Maurice. Aromatherapie, AT Verlag Aarau/Schweiz, 1994.

Geheimnisse und Heilkräfte der Pflanzen, Verlag Das Beste GmbH, Stuttgart 1978.

Gümbel, Dietrich. Ganzheitsmedizinische Hauttherapie mit Heilkräuter-Essenzen, Karl F. Haug Verlag, Heidelberg 1984.

Heilkräuter. Geschenke Gottes für Deine Gesundheit, Herausgeber Verein Freunde der Heilkräuter, Karlstein-Thaja, 1993, 6. Auflage.

Heinen-Greubel, Ingrid. Wesen und Anwendung duftender Essenzen, Buch- und Kunstverlag Heinen-Greubel, Berlin 1986.

Heinen-Greubel, Ingrid. Heilung der Gedanken, Buch- und Kunstverlag Heinen-Greubel, Berlin 1988.

Henglein, Martin. Die heilende Kraft der Wohlgerüche und Essenzen, Schönberger GmbH + Co. Verlags KG, München 1985.

Krumm-Heller, Arnold. Osmologische Heilkunde, Verlag Richard Schikowski, Berlin 1955.

Lavabre, Marcel. Mit Düften heilen, Verlag Hermann Bauer, Freiburg im Breisgau 1992.

Lawless, Julia. The Encyclopedia of Essential Oils, Element Books Limited, Longmead Shaftesbury, Dorset 1992.

Laux, Helga und Hans E. und Tode, Alfred. Gewürzpflanzen, Franckh-Kosmos Verlags-GmbH, Stuttgart 1993.

Leadbeater, C. W.. The Chakras, a Quest Book, Theosophical Publishing House, Adyar, Madras, India 1927.

Leung, Albert Y. Chinesische Heilkräuter, Eugen Diederichs Verlag, München 1991, 2. Auflage.

Lutherbibel erklärt. Altes und Neues Testament, Württembergische Bibelanstalt Stuttgart, 1974.

Lysebeth, André van. Die große Kraft des Atems, O.W. Barth Verlag 1985, 5. Auflage.

Mailhebiau, Philippe. La nouvelle Aromatherapie, Edition Jakin 1994.

Martinez, D. Lohs, K. Janzen J. Weihrauch und Myrrhe, Akademie-Verlag, Berlin 1989.

Mességué, Maurice. Das Mességué Heilkräuter-Lexikon, Verlag Fritz Molden, Wien-München-Zürich, 1976

Mességué, Maurice. Von Menschen und Pflanzen, Molden.

Mességué, Maurice. Die Natur hat immer recht, Molden.

Muchery, Georges. Die persönliche Magie des Parfüms, Edition Tramontane, 1991, 2. Auflage.

Ohloff, Günther. Irdische Düfte, himmlische Lust; Birkhäuser Verlag, Basel 1992.

Ozaniec, Naomi. The Elements of The Chakras, Element Book Limited, Longmead, Shaftesbury, Dorset 1990.

Rivière, Patrick. Alchimie & Spagyrie, Édition de Neustrie, Caen 1986.

Ryman, Danièle. Aromatherapy, Judy Piatkus (Publishers) Ltd., London 1991.

Schnaubelt, Kurt. Neue Aromatherapie, Herausgeber Jean Pütz, vgs Köln 1995.

Tansley, David V. Der feinstoffliche Mensch, Synthesis Verlag, Essen 1993.

Tisserand, Maggie. Die Geheimnisse wohlriechender Essenzen, Edition Schangrila, 1985.

Uyldert, Mellie. Plantenzielen, De Driehoek, Amsterdam 1974.

Valnet, Jean. Aromatherapie, Wilhelm Heyne Verlag GmbH & Co. KG, 1989.

Weidinger, Hermann-Josef. Guter Morgentip vom Kräuterpfarrer, Verlag Niederösterreichisches Pressehaus St. Pölten – Wien, 1993, 3. Auflage.

Weigl, Gisela/Wenzel, Franz. Die entschleierte Aura, Aquamarin Verlag Forstinning, 1983.

Weltzien, Diane von. Das große Praxisbuch der Aura- und Chakra-Arbeit, Goldmann Verlag Esoterik, 1993.

Wendt, Lothar. Die Eiweißspeicher-Krankheiten, Haug Verlag 1984

White Eagle. Die Chakras, Aquamarin Verlag Grafing 1995, 3. Auflage.

Bezugsquellen

Deutschland

Blauer Planet OHG
Heike & Ulli Atts
Lebensfreundliche Produkte
An der Michaeliskirche 21
34346 HEDEMÜNDEN
FON 0 55 45-18 28, FAX 0 55 45-3 18

Lara Produkte für mehr Lebensqualität
Aromakurse
Einsteinweg 7
72108 ROTTENBURG a. N.
FON + FAX 0 74 72/69 90

Astrologie-Zentrum Bremen
Beatrix Braukmüller, DAV
Am Dobben 33, 28203 BREMEN

Sunarôm Süd
Kyra Bergmiller
Leinfeldstraße 15, 79341 KENZINGEN

Aromatherapie
Karl-Heinz Heinicke
Markgrafenstraße 24
15528 MARKGRAFENPIESKE

Aroma & Shiatzu
Angelika Brosin
Stindestraße 41, 12167 BERLIN

Gesundheitsladen Spandau
Lynarstraße 41, 13585 BERLIN

Oranjeboom-Naturkost
Bertram Thoms
Lehnitzstraße 22
16515 ORANIENBURG

Pro Aura
Heike Meindl
Äußere Gasse
97461 HOFHEIM-EICHELSDORF

Aroma & Kosmetik Studio
Rosemarie Vocht-Mields
53578 WINDHAGEN

Aromatherapie
Susanne Claus
Talstraße 25, 32105 BAD SALZUFLEN

Sunarôm Naturprodukte
Ingrid Heinen-Greubel
Fritschestraße 27
10585 BERLIN
FON 0 30/3 41 41 41, FAX 0 30/3 42 63 10

Sterngucker
Kuschnereit & Peter
Spreewaldplatz 4, 10999 BERLIN

Pro Direkt
Hannelore Gehrke
Grebensteiner Straße 18
34379 CALDEN

Mexikohaus Kozuch
Pasinger Bahnhofsplatz 3
81241 MÜNCHEN

Niederlande

Senti!
Katja Heinen
Op den Berg 6, NL 3956 BD LEERSUM
FON (31) 0343 – 45 69 41
FAX (31) 0343 – 45 72 40

DE VERLEIDING
Annette Foppe
Eerste Boomdwarsstraat 10
NL 1015 NC AMSTERDAM

EQUICARE „De Paardendrogist"
Postbus 1082, NL 1300 BB ALMERE
FON (31) 036-5 32 54 70
FAX (31) 036-5 32 35 11

Ananda
Beatrix Schönhardt
Van Eeghenlaan 4
NL 1071 EL AMSTERDAM

Yolande Maus
Wite Jofferswei 8
NL 8623 XM JUTRIJP (Fr.)

Schweiz

Santissa
Cathi & Heinz Büchli
Aromakurse
Bachstraße 11, CH-HAUSEN a. Albis
FON 01-17640592, FAX 01-17640568

Stichwortverzeichnis

Übersichtstabelle: Ätherische Öle und Essenzen

Pflanze	Botanische Art	Familie	Herkunft	Destilliertes Organ	Biochemische Spezialität
Alant	INULA GRAVEOLENS	*Asteracea*			Ester, Monoterpene, Monoterpenole, Oxyde, Sesquiterpene-, terpenole, Ketone
Angelika	ANGELICA ARCHANGELICA L.	*Apiaceae*	Frankreich	*Wurzeln*	Monoterpene, Ester, Ketone, Monoterpenole, Sesquiterpenole
Anis	PIMPINELLA ANISUM	*Apiaceae*	Frankreich	*Samen*	Äther, Aldehyde, Ketone, Sesquiterpene
Balsamtanne	ABIES BALSAMEA Mill.	*Abietaceae*	Kanada	*Nadeln, Zweige*	Monoterpene, Ester
Basilikum	OCIMUM BASILICUM L.	*Lamiaceae*	Komoren	*Ganze Pflanze*	Äther, Monoterpene, Monoterpenole, Phenole, Oxyde, Ketone
Bay. St. Thomas	PIMENTA RACEMOSA	*Myrtaceae*	Antillen	*Blätter*	Phenole, Monoterpene
Beifuss	ARTEMISIA HERBA ALBA	*Asteraceae*	Marokko	*Blühende Pflanze*	Ketone, Monoterpene, Monoterpenole, Oxyde
Bergamotte	CITRUS BERGAMIA	*Rutaceae*	Italien	*gepreßte Schalen*	Ester, Kumarine, Aldehyde
Bergbohnenkraut	SATUREJA MONTANA	*Lamiaceae*	Provence F.	*Blühende Pflanze*	Phenole, Monoterpene, Monoterpenole, Sesquiterpene, Äther
Birke	BETULA ALLEGHANIENSIS	*Betulaceae*	Kanada	*Holz*	Ester
Bischofskraut	AMMI VISNAGA Lamk.	*Apiaceae*	Marokko	*Früchte*	Monoterpenole, Ester
Bittermandel	PRUNUS AMYGDALUS		Spanien	*Mandeln*	Benzoe-Aldehyd
Cajeput	MELALEUCA LEUCADENDRON	*Myrtaceae*	Vietnam	*Zweige*	Oxyde, Terpene
Cistrose	CITRUS LADANIFERUS L.	*Cistaceae*	Spanien	*Blätter*	Monoterpene/-ole, Ester, Ketone, Sesquiterpenole, Aldehyde, Sesquiterpene, Phenole, Oxyde, Säuren
Citronella	CYMBOPOGON NARDUS		Ceylon	*Gras*	
Citronella, java	CYMBOPOGON WINTERIANUS		Java	*Gras*	

Pflanze	Botanische Art	Familie	Herkunft	Destilliertes Organ	Biochemische Spezialität
Clementine	CITRUS CLEMENTINUS		Korsika	*gepreßte Schalen*	
Dill	ANAETHUM GRAVEOLENS L.	*Apiaceae*	Jura CH	*Ganze Pflanze*	Monoterpene, Ketone, Oxyde, Monoterpenole
Eisenkraut, weißes	LIPPIA ALBA	*Verbenaceae*	Paraguay	*Ganze Pflanze*	Oxyde, Sesquiterpene, Monoterpene/-ole
Eisenkraut, Zitronen-	LIPPIA CITRIODORA	*Verbenaceae*	Paraguay	*Ganze Pflanze*	Aldehyde, Monoterpene, Sesquiterpene, Oxyde, Monoterpenole, Ester, Sesquiterpenole, Ketone
Elemi (Weihrauch)	CANARIUM LUZONICUM	*Burseraceae*	Philippinen	*Harz*	Äther, Monoterpene
Estragon	ARTEMISIA DRACUNCULUS	*Asteraceae*	Jura CH	*Ganze Pflanze*	Äther, Monoterpene/-ole, Phenole, Kumarine
Eukalyptus citr.	EUCALYPTUS CITRIODORA	*Myrtaceae*	Brasilien	*Blätter*	Aldehyde, Monoterpenole, Ester, Sesquiterpene, Sesquiterpenole, Monoterpene, Oxyde
Eukalyptus glob.	EUCALYPTUS GLOBULUS	*Myrtaceae*	Spanien	*Blätter*	Oxyde, Monoterpenole, Ketone, Sesquiterpene, Sesquiterpenole, Aldehyde, Ester
Eukalyptus rad.	EUCALYPTUS RADIATA	*Myrtaceae*	Australien	*Blätter*	Oxyde, Monoterpene/-ole, Ester, Sesquiterpene, Aldehyde
Fenchel	FOENICULUM VULGARE	*Apiaceae*	Frankreich	*Blühende Pflanze*	Äther, Monoterpene, Ketone, Aldehyde
Fichte, Sachalin-	PICEA SACHALINENSIS	*Abieteceae*	Kanada	*Nadeln, Zweige*	Ester, Monoterpene
Fichte, Schwarz-	PICEA MARIANA	*Abieteceae*	Kanada	*Zweige*	Ester, Monoterpene
Geranium chin.	PELAGONIUM GRAVEOLENS, chin.	*Geraniaceae*	Frankreich	*Blätter*	Monoterpenole, Ester, Ketone, Sesquiterpene
Geranium grav.	PELAGONIUM GRAVEOLENS; ALT	*Geraniaceae*	Frankreich	*Blätter*	Ester, Alkohole
Grapefruit	CITRUS DECUMANA	*Rutaceae*	Italien	*gepreßte Schalen*	Monoterpene, Aldehyde, Kumarine
Heiligenkraut	SANTOLINA CHAMAECYPARISSUS	*Asteraceae*	Provence F.	*Blütenköpfe*	Ketone, Monoterpene/-ole, Sesquiterpene, Lactone, Aldehyde, Oxyde

Immortelle	HELICHRYSUM ITALICUM G.Don	*Asteraceae*	Korsika	*Blütenköpfe*	Ester, Dione, Sesquiterpene, Monoterpene/-ole, Sesquiterpenole, Oxyde, Ketone
Ingwer	ZINGIBER OFFICINALIS	*Zingiberaceae*	Indien	*Rhizome*	Sesquiterpene, Monoterpene/-ole, Oxyde
Jasmin absolue	JASMIN ABSOLUE			*Blüten*	Benzylalkohol, Ester, Jasmon
Johanniskraut	HYPERICUM PERFORATUM	*Hypericaceae*	Languedoc F.	*Blütenköpfe*	Monoterpene, Sesquiterpene, Azyklische Alkane (Parafine)
Kamille, Deutsche-	MATRICARIA CHAMOMILLA	*Asteraceae*	Frankreich	*Blütenköpfe*	Sesquiterpenole, Oxyde
Kardamom	ELETTARIA CARDAMOMUM	*Zingiberaceae*	Südamerika	*Mandeln*	Ester, Oxyde, Monoterpenole
Karotte	DAUCUS CAROTTA L.	*Apiaceae*	Frankreich	*Früchte, Samen*	Sesquiterpenole, Monoterpene, Sesquiterpene
Kiefer	PINUS SYLVESTRIS L.	*Abieteceae*	Provence	*Nadeln, Zweige*	Monoterpenole, Sesquiterpene, Sesquiterpenole
Kiefer, Arve	PINUS CEMBRA		Österreich	*Nadeln*	
Koriander	CORIANDRUM SATIVUM L.	*Apiaceae*	Frankreich	*Ganze Pflanze*	Monoterpene
Kümmel, Kreuz-	CUMINUM CYMINUM L.	*Apiaceae*	China	*Früchte*	Aldehyde, Monoterpene
Kümmel, Wiesen-	CARUM CARVI L.	*Apiaceae*	Holland	*Früchte*	Ketone, Monoterpene
Lavandin	LAVANDULA HYBRIDA Rev.	*Lamiaceae*	Provence F.	*Blühende Pflanze*	Monoterpenole, Ester, Oxyde
Lavendel off.	LAVANDULA OFFICINALIS	*Lamiaceae*	Provence F.	*Blühende Pflanze*	Ester, Monoterpenole, Monoterpene, Ketone
Lavendel wild	LAVANDULA VERA	*Lamiaceae*	Provence F.	*Blühende Pflanze*	Ester, Monoterpenole, Monoterpene, Ketone
Lavendel, Schopf-	LAVANDULA STOECHAS	*Lamiaceae*	Frankreich	*Blühende Stengel*	Ketone, Monoterpene Oxyde, Monoterpenole
Lavendel, speik	LAVANDULA SPICA	*Lamiaceae*	Korsika	*Blühende Pflanze*	Oxyde, Monoterpenole, Ketone
Lemongrass	CYMBOPOGON CITRATUS	*Poaceae*	Madagaskar	*Gras*	Aldehyde, Monoterpene/-ole, Ketone, Oxyde
Liebstöckel	LECISTICUM OFFICINALIS	*Apiaceae*	Frankreich	*Ganze Pflanze mit jungen Früchten*	Monoterpene, Ester, Lactone Phtalide

Pflanze	Botanische Art	Familie	Herkunft	Destilliertes Organ	Biochemische Spezialität
Limette	CITRUS LIMETTA				
Lorbeer; Edel-	LAURUS NOBILIS L.	*Lauraceae*	Provence F.	*Blätter*	Oxyde, Monoterpene/-ole, Ester, Äther, Sesquiterpene
Majoran	ORIGANUM MAJORANA L.	*Lamiaceae*	Provence F.	*Blühende Pflanze*	Monoterpene/-ole, Sesquiterpene/-ole, Ester
Majoran, spanisch	THYNUS MASTICHINA L.	*Lamiaceae*	Spanien	*Blühende Pflanze*	Monoterpene, Monoterpenole
Mandarine	CITRUS RETICULATA	*Rutaceae*	Sizilien	*Gepreßte Schalen*	Monoterpene/-oloe, Aldehyde, Ester
Meerkiefer	PINUS PINASTER	*Abieteceae*	Frankreich	*Nadeln*	Monoterpene, Sesquiterpene, Monoterpenole, Ester
Melisse off.	MELISSA OFFICINALIS	*Lamiaceae*	Frankreich	*Blätter*	Sesquiterpene, Aldehyde, Monoterpene, Ester
Minze, Acker-	MENTHA ARVENSIS	*Lamiaceae*	Nepal	*Beblätt. Steng.*	Monoterpenole, Ketone, Monoterpene
Minze, Pfeffer-	MENTHA PIPERITA	*Lamiaceae*	Provence F.	*Blühende Pflanze*	Monoterpenole, Ketone, Monoterpene, Oxyde
Minze, grün	MENTHA VIRIDIS, spicata	*Lamiaceae*	Provence	*Blühende Pflanze*	Ketone, Monoterpene
Muskatellersalbei	SALVIA SCLAREA L.	*Lamiaceae*	Provence F.	*Blühende Pflanze*	Ester, Monoterpene/-ole, Sesquiterpene/-ole, Oxyde
Muskatnuß	MYRISTICA FRAGRANS	*Myristicaceae*	Sri-Lanka	*Früchte*	Säuren, Monoterpene
Myrrhe	COMMIPHORA MYRRHA	*Burseraceae*	Harz	*Harz*	Sesquiterpene, Monoterpene
Myrte grün	MYRTUS COMMUNIS L.	*Myrtaceae*	Korsika	*Zweige*	Monoterpene/-ole, Oxyde, Ester, Sesquiterpene
Myrte rot	MYRTUS COMMUNIS L.	*Myrtaceae*	Marokko	*Zweige*	Monoterpene, Oxyde, Ester, Monoterpenole
Narde indisch	NARDOSTACHYS JATAMANSI	*Valerianaceae*	Nepal	*Wurzeln*	Sesquiterpene, Ketone, Monoterpene/-ole, Äther
Nelke, Gewürz-	EUGENIA CARYOPHYLATA	*Myrtaceae*	Madagaskar	*Blütenknöpfe und Narben*	Phenole, Ester, Sesquiterpene, Aldehyde

Neroli	CITRUS AURANTIUM L.	*Rutaceae*	Italien	*Blüten*	Monoterpene/-ole, Ester, Sesquirtepene
Niaouli	MELALEUCA QUINQUENERVIA	*Myrtaceae*	Neu-Kaledonien	*Blätter*	Oxyde, Monoterpene, Sesquiterpene/-ole, Ester
Orange, süß	CITRUS AURANTIUM. var. dulcis	*Rutaceae*	Brasilien	*gepr. Schalen*	Monoterpene, Monoterpenole
Oreganum comp.	ORIGANUM COMPACTUM	*Lamiaceae*	Marokko	*Blühende Pflanze*	Phenole, Monoterpene/-ole, Äther, Sesquiterpene
Palmarosa	CYMBOPOGON MARTINI Wats.	*Poaceae*	Komoren	*Grünteile*	Monoterpenole, Ester, Sesquterpenole, Monoterpene
Patschuli	POGOSTEMON CABLIN	*Lamiaceae*	Indonesien	*Blüten*	Sesquiterpene
Petersilie	PETROSELINUM SATIVUM	*Apiaceae*	Jura CH	*Ganze Pflanze*	Monoterpene, Kumarine
Petit Grain	CITRUS AUR. var. amara fleurs	*Rutaceae*	Marokko	*Blätter u. Früchte*	Ester, Monoterpene/-ole, Sesquiterpene/-ole
Petit Grain	CITRUS AUR. var. amara fleurs	*Rutaceae*	Paraguay	*Blätter*	Ester, Monoterpene/-ole, Sesquiterpene/-ole
Pfeffer, schwarz	PIPER NIGRUM L.		Madagaskar	*Beeren*	Sesquiterpene, Phenole, Monoterpene
Rainfarn	TANACETUM ANNUA L.	*Compositaceae*	Frankreich	*Ganze Pflanze*	Azulene, Ketone, Monoterpene
Ravensara	RAVENSARA AROMATIKA	*Laureaceae*	Madagaskar	*Blätter*	Oxyde, Monoterpene/-ole, Phenole, Sesquiterpene
Rose, anatolisch	ROSA CENTIFOLIA	*Rosaceae*	Türkei	*Blütenblätter*	Aldehyde, Monoterpene und Alkohole
Rose, bulgarisch	ROSA DAMASCENA Mill.	*Rosaceae*	Bulgarien	*Blütenblätter*	Monoterpenole und Alkohole
Rosenholz	ANIBA ROSAEODORA	*Laureaceae*	Brasilien	*Holz*	Monoterpenole, Oxyde, Monoterpene, Sesquiterpene
Rosmarin Kampfer	ROSMARINUS OFFICINALIS L.	*Lamiaceae*	Provence F.	*Blühende Pflanze*	Monoterpene, Ketone, Oxyde, Monoterpenole
Rosmarin 1,8 cineol	ROSMARINUS OFFICINALIS L.	*Lamiaceae*	Marokko	*Blühende Pflanze*	Oxyde, Monoterpene/-ole, Ketone, Sesquiterpene

Pflanze	Botanische Art	Familie	Herkunft	Destilliertes Organ	Biochemische Spezialität
Rosmarin verbenon	ROSMARINUS OFFICINALIS L.	*Lamiaceae*	Korsika	*Blühende Pflanze*	Monoterpene/-ole, Ester, Ketone, Oxyde
Salbei, echter	SALVIA OFFICINALIS L.	*Lamiaceae*	Provence	*Blühende Pflanze*	Ketone, Monoterpene, Sesquiterpene, Oxyde
Salbei, spanisch	SALVIA LAVANDULAEFOLIA Vahl.	*Lamiaceae*	Spanien	*Blühende Pflanze*	Oxyde, Monoterpene, Sesquiterpene
Sandelholz	SANTALUM ALBUM Nees	*Santalaceae*	Mysoren, Indien	*Holz*	Sesquiterpenole, Sesquiterpene, Säure
Sassafras	SASSAFRAS ALBIDUM	*Lauraceae*	Brasilien	*Holz*	Phenole, Äther
Teebaum	MELALEUKA ALTERNIFOLIA	*Myrtaceae*	Australien	*Blätter*	Monoterpene/-ole, Sesquiterpene, Oxyde
Thuja	THUYAOCCIDENTALIS	*Cupressaceae*	Provence	*Zweige*	Ketone, Monoterpene, Ester, Monoterpenole, Alkane
Tuberosa absolue	ABSOLUE TUBEROSE	*Agavaceae*	Indien	*Blüten*	Ester, Lactone
Thymian geranol	THYMUS VULGARIS L.	*Lamiaceae*	Provence	*Blühende Pflanze*	Ester, Äther, Monoterpenole
Thymian linalol	THYMUS VULGARIS L.	*Lamiaceae*	Provence	*Blühende Pflanze*	Monoterpene/-ole, Ester, Sesquiterpene, Phenole
Thymian thymol	THYMUS VULGARIS L.	*Lamiaceae*	Provence	*Blühende Pflanze*	Monoterpene/-ole, Ester, Sesquiterpene, Phenole
Vetiver	VETIVERIA ZIZANIOIDIS	*Poaceae*	Haiti	*Wurzeln*	Sesquiterpene/-ole, Ester, Ketone
Wacholder,Virginia	JUNIPERUS VIGINIANA L.	*Cupressaceae*	USA	*Holz*	Sesquiterpene/-ole, Monoterpene, Oxyde
Wacholder, Zweige	JUNIPERUS COMMUNIS L.	*Cupressaceae*	Korsika	*Zweige*	Monoterpene, Sesquiterpene
Wacholder; Beeren	JUNIPERUS COMMUNIS L.	*Cupressaceae*	Quercy F.	*Beeren*	Monoterpene, Sesquiterpene
Weihrauch	BOSWELLJA CARTERII	*Myrtaceae*	Somalia	*Harz*	Monoterpene, Sesquiterpene, Monoterpeneole
Wintergrün	GAULTHERIA FRAGRANTISSIMA	*Ericaceae*	Nepal	*Ganze Pflanze*	Ester, Sesquiterpene, Monoterpene/-ole

Ylang-Ylang	CANANGA ODORATA	*Anonaceae*	Komoren	*Blüten*	Sesquiterpene, Ester, Monoterpeneole, Äther
Ysop, Frankreich	HYSSOPUS OFFICINALIS	*Lamiaceae*	Provence	*Blühende Pflanze*	Ketone, Monoterpene, Oxyde, Monoterpenole
Ysop, Schweiz	HYSSOPUS OFFICINALIS L.	*Lamiaceae*	Jura CH	*Blühende Pflanze*	Ketone, Monoterpene, Oxyde, Monoterpenole
Zedernholz	CEDRUS ATLANTICA	*Abietaceae*	Marokko	*Holz*	Sesquiterpene, Ketone, Monoterpene
Zimtblätter	CINNAMOMUM ZEYLANICUM	*Lauraceae*	Sri-Lanka	*Blätter*	Phenole, Monoterpene, Sesquiterpene, Ester
Zimtrinde	CINNAMOMUM ZEYLANICUM	*Lauraceae*	Sri-Lanka	*Rinde*	Aldehyde, Phenole, Ester, Monoterpene
Zitrone grün	CITRUS LIMONUM	*Rutaceae*	Sizilien	*gepreßte Schalen*	Monoterpene, Aldehyde, Sesquiterpene
Zitrone gelb	CITRUS LIMONUM	*Rutaceae*	Sizilien	*gepreßte Schalen*	Monoterpene, Aldehyde, Sesquiterpene
Zypresse	CUPRESSUS SEMPERVIRENS	*Cupressaceae*	Languedoc F.	*Zweige*	Monoterpene, Sesquiterpene, Ester, Monoterpenole

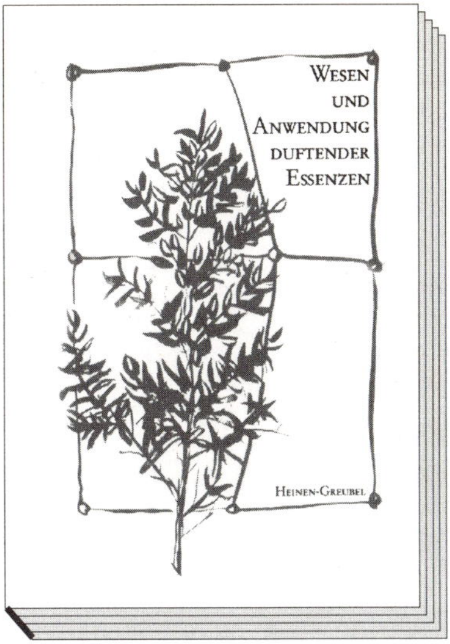

Heinen-Greubel

Wesen und Anwendung duftender Essenzen

In diesem Buch sind 50 ätherische Öle/Essenzen portraitiert. Sie vermitteln ein erstes Kennenlernen der Düfte mit Hinweisen auf psychologische, astrologische und spirituelle Aspekte. Ein Anwendungs- und Aroma-Rezeptteil erleichtert die Praxis. Mit zehn Originalzeichnungen von Horst Rausch und Anna Heinen.

107 Seiten, DM/SFr 10,-

ISBN 3-9802562-0-0

Heinen-Greubel

Heilung der Gedanken

Wie das Denken Ihr Leben auf wunderbare Weise verändert, erfahren Sie in 93 Kurztexten. Die Themen sind aktuell und lebensbejahend. Sie vermitteln Mut in ausweglosen Situationen. Mit fünf Originalzeichnungen von Horst Rausch.

96 Seiten, DM/SFr 10,-

ISBN 3-9802562-1-9